プロも
見逃す！

10倍成長する株を探す

「日経新聞」読み解き術

渡部清二
SEIJI WATANABE

はじめに

朝4時に起きて、家のポストに投函されている日経新聞を取り出す。そこから約2時間近く、新聞を読み込み、新聞を切り取り、気になった部分に赤鉛筆と定規を使ってラインを引いていく……。

これは私が13年続けた習慣だ。今は朝の起床は少し遅くなったが、30年近く継続している習慣でもある。すでに体の一部になっている行動かもしれない。

おそらく多くの人はこう思うだろう。

「日経新聞をそこまで読む必要があるのか」と。

日経新聞は投資家であれば読んでいるという人が多い。しかし、その大半は今日の出来事にさっと目を通すくらいの情報として読んでいる。私は心底、それはもったいないと思っている。なぜならば、日経新聞ほど投資に有効に活用できる媒体はないからだ。

投資にとって情報というものは大切だ。しかし、情報というものはいくら多く手にしても、意味はないとまでは言わないがそれに流される危険性がある。情報をそのまま信じる人はいないと思うが、「情報バイアス」というものが存在する。

バイアスとは、偏り・偏向・偏見といった意味で使われるが、情報バイアスとは明らかに不要な情報も必要だと思い込んで集めてしまうことだ。すると、人は集めすぎた情報から的確な判断ができなくなる。

これは投資においても同じだ。ネットから様々な情報を集めると、いったいどれが正しいのかの判断ができなくなり、それは株の銘柄選定にも影響を与える。間違った情報に飛びつき、結局ババをつかまされるのが投資の世界だ。

もちろん、日経新聞も情報媒体の1つにすぎない。「日経新聞は正しくない」という人もいる。しかし、そういった人は記事に書いてあることを鵜呑《うの》みにし、それが正しいか、正しくないかを判断しているからだ。それこそ情報バイアスにはまっているのだ。

私が日経新聞を、ただ読むのではなく隅々まで読み込んでいるのは、正しいか、正しくないかを判断しているのではなく、その記事を正しく理解し、それを自分で考え、その背景にある本質を自分で判断するためだ。これは投資にとって必要なスキルでもある。

日経新聞は誰にでも手に入れることができる情報である。それゆえに軽視してしまいがちだが、読み方のスキルさえ手に入れれば、実はほかの情報よりも何十倍もの価値があるのだ。

私が野村證券で機関投資家を相手に12年間もの間、仕事ができたのは日経新聞をとことん活用してきたからだ。現在は、私が主宰する複眼経済塾で塾生の方々に、独自に生み出した日経新聞を読みこなす方法を教えている。

本書では、日経新聞をどう読めば世の中の流れをつかみ、投資観を磨くことができるかを次のようにお伝えしている。

第1章　日経新聞はこう読む――独自に生み出した読み解き術
第2章　世の中の大きな変化をつかむ「キーワード読み」
第3章　景気循環のサイクルで時代の変化を読む
第4章　日経新聞から政治経済の大局を読む
第5章　テンバガー株（10倍株）を探す投資観を鍛えるために

第1章では、私が生み出した独自の日経新聞の読み方を解説するとともに、読み方の視点などをお伝えしていく。第2章では、日経新聞から世の中の変化つかむことができるスキルとして、キーワードからどういう流れに向かっていくのかを一緒に考えていく。そこには投資のヒントが多く隠されているはずだ。第3章は景気というものを考えるうえで、次の時代がどうなっていくのかを見ていく。身近な話題から時を経た大きな話まで網羅した。第4章は、世界・日本の政治から時代はどう変化していくのかを大局的にとらえていく。新聞から壮大なテーマが浮かび上がる様を感じてほしい。第5章は、投資家なら目指したい10倍株（テンバガー）を探すヒントを、いくつかの記事を交えながら解説していく。

日経新聞は誰でも手にすることができると言ったが、それは投資家にかかわらず、ビジネスパーソン、就活生、学生、主婦でも誰でも読めるものだ。つまり、誰が読んでもこの本で解説する読み方を知れば有効活用でき、生活を豊かにすることができるのだ。

私は新聞寄りの者でも何でもないが、ぜひとも日経新聞の奥深さを味わっていただきたい。

２０２４年11月吉日　米大統領選を目前に控えた日に

複眼経済塾　渡部清二

目次

Contents

chapter : 1-5

第2章 世の中の大きな変化をつかむ「キーワード読み」

Contents

chapter : 1-5

第4章 日経新聞から政治経済の大局を読む

Contents

chapter : 1-5

第5章

テンバガー(10倍株)を探す投資観を鍛えるために

※本書は2022年11月から2024年7月までの
日経新聞記事を使用しています。
文中に上げた銘柄は、
あくまでも当時に掲載された、あるいはその関連銘柄であり、
銘柄推奨するものではありません。

※本書で示した意見によって読者に生じた損害、
及び逸失利益について、
著者、発行者、発行所はいかなる責任も負いません。
投資の決定は、ご自身の判断でなさるようにお願いいたします。

第 1 章

日経新聞はこう読む

独自に生み出した
読み解き術

The unique "NIKKEI" reading to
search Ten-bagger

chapter : 1

日経新聞はなぜ投資に必要なのかを実感した証券マン時代

投資を行ううえで、日々情報を手にすることは当然のことだろう。そして、その情報をもとに自身で判断し株の売り買いをする。誰もが株で損をしたくないし、負け続ければ資産を失ってしまう。それだからこそ情報は必要であり、ましてやいい情報は誰だってほしいものだ。

では、その情報はどこから手に入れるのか。いまや株式情報はごまんとある。ネット社会になりオンライン情報サービスが乱立し、逆に情報が入りすぎるあまり判断に迷いが生じるくらいだ。もしもあらゆる情報サービスに加入したら、投資ではなくそのサービスに資産をつぎ込んでいるようなものだ。

そこへいくと、**日経新聞はたかだか朝刊1部200円（夕刊100円）、月ぎめ購読料にすれば4800円（夕刊を入れて5500円）**だ。

しかし、簡単に手に入る情報ゆえ、実際に購読している人でも、「社会人なら日経新聞を読まないと」「投資をするなら日経新聞くらいは目を通しておかないと」くらいの気持ちで、さっと目を通す人がほとんどだ。投資に精通している人でも、「日経新聞は当たらない」と言う人もいて、日経新聞を読んでいない人もいる。

かつての私も、そんな軽い気持ちで日経新聞を扱っていた。


私が野村證券に就職し、入社後の研修で基本動作の１つとして、日経新聞を読んで仕事に使えそうな記事を切り抜きすることを教わった。しかし、研修後にこれを継続した者は同期５５０人の中でほぼ誰もいなかっただろう。

もちろん私もその１人、寮があった川崎市の宮前平から銀座支店に通勤する電車の中で日経新聞を読んでいたが、とても浅く、切り抜くことはすでに忘れていた。そもそも私が野村證券に内定した１９８９年は、日経平均が史上最高値の３万８９１５円を付けたバブル最盛期であったが、入社した90年からバブルが崩壊し、株価が暴落する中で、ここから上がる株があるのかを探すだけで必死だった。とにかくお客様に株を買ってもらわなければならない。証券会社はその売買手数料が収益の柱だったからだ。

今だから話せるが、私は入社当初はお客様に損をさせ続けていた。お客様に勧めた株がことごとく値下がりするのだ。１９９４年から3年半勤務した長崎支店時代には、お客様の資産をなくしてしまうのではないかと大いに悩みながらも、体育会系の社風の中で、頭を下げることで信頼をつないでいた。

そんな私に、証券マンとしての人生の転機が訪れたのは、1997年に東京の本店に異動となり、そこにいた当時の先輩の竜沢さんとの出会いだった。そこで私は、彼から「四季報読破」を指示されるが、同時に勧められたのが日経新聞を読んで切り抜きをすることだった。

そして、実際に竜沢さんが新聞の切り抜きを見せてくれたのだが、そのときに見た記事は、1987年10月19日の月曜日にニューヨーク株式市場で起こった大暴落「ブラックマンデー」当日の記事であった。

この歴史的な出来事をタイムリーに切り取り記録していることに私は驚き、日経新聞を真剣に読まなければと思い直した。つまり、多くの人が思っているように、このときまでは私も、日経新聞というものを軽く感じていたのである。

竜沢さんからは、**「会社四季報読破」「日経新聞の切り抜き」**のほかに、日々の株価指標や出来事を書き留める**「指標ノート」**も授かった。これが私にとっての**「三種の神器」**となり、その後、私はこれらを駆使して投資観を磨いていった。

誰でもすぐに情報が得られ、いつでも始められるために再現性が高い三種の神器の中で、日経新聞は毎日、様々なヒントを与えてくれるものだった。そして２０００年に機関投資家営業部に異動すると、私は投資のプロ中のプロとも言える機関投資家を相手に、その後12年間わたり合えるようになったのである。

ただ目を通すだけにせず情報を正確な視点でとらえる

私が日経新聞の切り抜きを先輩から教わったのは、忘れもしない１９９７年12月のことだ。それ以来、私はずっと日経新聞を投資に活用している。

そこで気づいたのは、日経新聞をただ目を通すだけではもったいないということだ。おそらく読んでいるという自負はあるものの、目に入ってくるのは内容の外面《そとづら》だけで、それは一面的なものにすぎない。

例えば、歯磨き粉のチューブを想像してほしい。パッケージが表示されている正面から

● 歯磨き粉のチューブを別の角度から見たシルエット

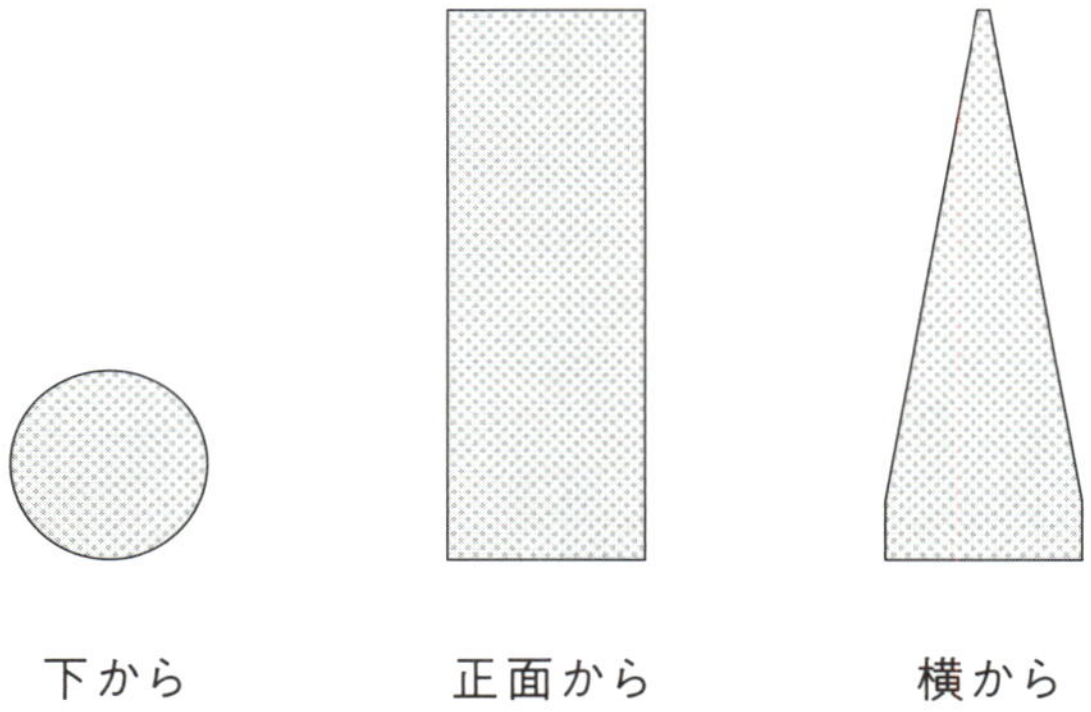

見ると細長い長方形に見える。しかし、それを横に向けると三角形に見える。ではキャップ側の下から見ればどうであろうか。その形は円に変化する。しかし、実態は立体のチューブである。

日経新聞もこれと同じだ。つまり、同じ情報でも見方によって四角にも三角にも丸にも見えてしまう。この違いが、新聞各社の論調の違いだ。しかし、その情報の本質は立体のチューブである。これは読み手によっても変わってくる。例えば、入社したての新人と投資家では同じ記事を読む視点がまったく違う。だからこそ、多角的な目線で日経新聞を有効活用すべきなのだ。

私が野村證券にいたとき、後輩の社員たちに**「日経新聞・読み合わせ会議」**ということを主催していた。私を含めた参加メンバーは、毎朝4時に起きて新聞を読み込み、情報を頭に叩《たた》き込んだうえで会議に臨んでいた。

それこそ、1面のトップニュースはもちろんのこと、経済コラム、スポーツ面や「私の履歴書」まですべての記事が対象である。会議は進行役の私がランダムにメンバーを指名していき、容赦ない質問を浴びせていく。

こうしてメンバーたちは日経新聞に書かれている情報の本質をつかんでいくのだが、ハードな作業である分、毎日の積み重ねが血となり骨肉となっていく。ここではとにかく、新聞に「何が書いてあるのか」を正しく理解することが必要なのだ。

その「日経新聞・読み合わせ会議」だが、これはいま私が主宰している「複眼経済塾」に参加しているメンバーでも、塾生限定のSNS内で行われている。さすがに突っ込んだ質問や意見を戦わせることはないが、情報の本質をつかむうえではいい訓練になっていると思う。

では、実際に「日経新聞・読み合わせ会議」とはどんなものなのか。私が「日経新聞ワークショップ」で行ったデモンストレーションの様子をお伝えしよう。使用したのはワークショップ当日の2022年11月25日の日経新聞である。

渡部「おはようございます。本日の日経新聞読み合わせしていきたいと思います。1面トップからどういうことが書いてあるか、その関連記事もざっと教えてください」

T氏「まず今日の1面トップは、上場来高値、今年266社ということで、日経平均33年ぶり高値、企業の変革持続力を問うとあります。東証のプライム市場の16%に当たる266社が市場性高値が強いということです」

渡部「では、関連記事に進めていってください」

T氏「少し関連は薄いですが、トップで触れておきたいのが、その脇に大正製薬がMBO日本企業で最大ということで7100億円です」

渡部「いや、これは大きいですよ」

T氏「次は2面の海外勢日本株ですね。日本株買い再開ということで、2週で2兆円を買い越したとあります。4月以来ということでいよいよ日本が買われてくると。脱デフレといった日本株高シナリオに関心が向かっているということが分かります」

渡部「分かりました。次はありますか」

T氏「次は5面の企業増益要因半分が円安ということで、なんと市場77社、4－9月期の営業利益が8100億円の円安効果があったとあります。円安の設定平均レートが1ドル141円程度ということで、7円程度の円安が進んでいるという記事です。ただポイントは海外の稼ぎが国内関連に限っているということも指摘されております。

そこで気になったのは11面です。円安無策の時代に幕をということで、これも円安の話が出ていますが、やはり記事には海外で稼いだ利益をいかに国内に還元するかがポイントだということが下段のほうに書かれています。還流するパイプが根詰まりしているということで、海外の内部留保残高が48兆円と10年で2倍に膨らんだということで……」

以上、ここでは突っ込んだ質問はしていないが、1面トップからその関連記事まで内容が流れるように頭の中で整理されていく。そして、こうした訓練を続けていくと、1つの物事から様々なものを関連付けて考えられるようになる。

こうした読み方を継続していくと、どういった効果があるのかというと、私は以下の4

つのことを塾生にも伝えている。これは日経新聞を読む人にとって共通のものだ。

1．業務に取り組む前に新聞の内容が整理されている

顧客との会話力アップにつながる。またビジネスのみならず、どんな会話もできるというコミュニケーション力アップの効果がある。

2．物事を関連付けて考える習慣が身につく

これは「エクイティストーリーの構築能力」と言うが、簡単に説明すれば、落語の「風が吹けば桶屋《おけや》が儲《もう》かる」ということで、連想力が身につく。「株は連想ゲームだ」とよく言われるが、実践的な効果を得ることができる。

3．相手に簡潔な言葉で物事を伝える能力が身につく

ビジネスで言えば、エレベーターピッチといった短い時間で簡潔に相手に伝えるプレゼン能力が上がる。また、就職の際の面接など、自分の意見を簡潔に伝えるのに必要な場合も効果を発揮する。これの究極は、牛丼の吉野家の「うまい、安い、早い」だと思う。

4．面白い投資テーマや銘柄を見つけられる

これは「銘柄選別能力」といい、自分なりの面白い投資テーマからテンバガー株（10倍株）に出会う可能性もある。銘柄ピックアップ能力とも言う。

日経新聞を正確に読みこなし、それを簡潔にまとめる力がつくだけで、投資はもちろん、普段の仕事にも役立てることができるのだ。

日経新聞を読み込む3つの視点

日経新聞からの情報は活用の仕方で武器になる。私がこれまで日経新聞を読み込んできて、「日経新聞・読み合わせ会議」などで情報を正しくつかむことができるようになってから、独自の読み方の体系が出来上がった。

これはそもそも、日経新聞は正しい、正しくないという基準で読むものではない。あくまでも情報をいかに有効に活用するかという点だ。その中で、大切にしている視点が３つある。

1．新聞に「何が書いてあるか」を理解する
2．自分の考えをまとめる
3．違った見方を考える

1つ目の新聞に「何が書いてあるか」を理解するとは、**記事に書かれている内容をそのまま理解する**ことで、実にシンプルな視点だ。言い換えれば、「これは真実だろうか」「これは当たらないのではないだろうか」といった判断は必要ない。ただ記事から、背景やマーケットの規模が分かる数字を読み取り、その内容を理解すればいい。

2つ目の自分の考えをまとめるとは、1で内容を理解し、そのうえで**「私はこう思う」という考えを持つ**ことだ。例えば、セールスパーソンが商品を売り込む際、会社の立場で商品説明をするが、それについて自分はこう思うということを伝えたほうが相手の信頼を得ることができる。

私も会社時代は「この企業はどう思う？」とよく聞かれたが、このシンプルな質問の意図には2つのことが求められた。1つは会社のハウスオピニオンとしての意見、もう1つが個人としてどう思うかだ。

これは日経新聞を読む際にも同じことが言える。「日経新聞にはこう書いてある」ということと「でも私はこう思う」ということだ。これが付加価値になるのだ。

そして、3つ目が**「でも、こういう見方もできる」と違った視点から考える**ことだ。この視点を持てば、自分の考えに客観性を持たせることができるからだ。

株式市場では2つの視点があり、買う側の視点と、まったく正反対の売る側の視点がぶつかり合って株価が決まる世界だ。私が機関投資家にセールスしたときも、ある株を買いたい投資家には買いの視点で、売りたい投資家には売りの視点で、それぞれ理解して対応していた。

つまり、投資家たちは同じ銘柄であっても、まったく逆の視点で見ているのだ。そのため、日経新聞で高値を更新したという記事を見ても、ある人は「これは買いだな」と思い、ある人は「売りだ」と判断する。これはすべてのニュース、すべての株価に共通する。つまり、反対側の視点も重要なわけだ。

日経新聞を読む際は、以上の3つの視点を持って読んでいってほしい。

誰もが見る記事にこそテンバガー（10倍株）を見つけるヒントが隠されている

この本の目的の1つに、日経新聞を読みこなし、最後には**「テンバガーを見つける」**という狙《ねら》いがある。もちろん、これからその目的のために深掘りしていくわけだが、意外にも誰もが読む記事にこそテンバガーへのヒントになることが往々にしてあるものだ。

全米ナンバーワンと言われるファンドマネジャーで「テンバガー」という言葉を世に知らしめたピーター・リンチ氏は、著書『ピーター・リンチの株で勝つ』（ダイヤモンド社刊）の中で、次のように語っている。

「テンバガー（10倍上がる株）を見つけるには、まず自分の家の近くから始めることだ。裏庭になければ、商店街や、職場である」

リンチ氏は「投資のテーマは身近にある」として、それがいつも目にしている裏庭や商店街、職場にあると解説している。私も彼の考えに同意する。たとえば、日経新聞1面は読んでいる人なら誰もが目にする記事だ。

ところが、毎日誰もが見ているような記事のテーマすら、多くの投資家も気づいていないことがある。記事を読んで、そのテーマはすでに市場で織り込まれていると思い込んでいるからだ。そこで大事になってくるのが、「こう書いてある」と理解した先の「自分はこう考える」という、先ほど説明した第2の視点だ。

ここが日経新聞を読む付加価値であり、リンチ氏の言うように身近なところに落とし込んで考えてみるのだ。

たとえば、1面に「訪日客最大」というような記事が出たとしよう。こうしたテーマが出ると、「これはインバウンドだな。この関連株は承知している」と判断してしまう人が多い。

しかし、リンチ氏の言うように裏庭から見ただろうか。自分の住んでいる近所（地域）で外国人を見かけるようになったのか、商店街に外国人が殺到しているだろうか、仕事をしていて取引先などに新しい外国人に会ったことがあるだろうか。

実は、次の章で述べるつもりであるが、インバウンドに関してはコロナ前とコロナ後では変化が起こっている。つまり、コロナ前の「買い物客殺到」とは様相が違ってきているのだ。

もしそのことに気づけば、自分の意見はまったく別のものになるだろう。だからこそ、**誰もが目にするその先に、投資における大きなヒントが隠されている**のだ。そして、そうした発想の訓練のその先に、テンバガーは存在する。

日経新聞の紙面構成を把握する

日経新聞を読むにあたって、実際の紙面構成とそこに書かれている特徴を確認しておこう。というのも、日頃欠かさず日経新聞を読んでいる人でも、改めて紙面の特徴を知ることによって、新たな発見もあるからだ。

私は、日経新聞をどの記事であってもすべて読み込むようにしている。新聞に掲載されている広告にまで目を通す。これはどんな企業や業種が広告を出しているかで世の中の動きも見えるからだ。ということで、紙面構成や特徴を知っておこう。

【1面】その日の経済ニュースの全体感をつかむ

1面の記事はその日押さえておきたい重要なニュースが凝縮されているため、避けてはいけない紙面である。中面に詳細が書かれていることも多く、目次の役割も果たす。また、左下に「春秋」というコラムがあり、時流に合った話題として面白くビジネスのネタとしても使える。

【総合面】様々なニュースの大きな流れをつかむ

様々なニュースの大きな流れを、「深く優しく」をコンセプトに、景気や政策、企業経営や社会情勢などを分かりやすく解説している。事実関係だけでなく、ニュースの背景や今後の展望も詳しく掲載している。

また右上に「社説」があり、ここに新聞社としての視点が表れている。この社説同様、3面にある「きょうのことば」は知識が蓄積されるのでしっかり理解しておく。

【政治・外交面】経済、社会のベースにある政治の動きを追う

経済社会のベースにある政治の動きを追うということで、政府の政策や外交、国会の動向など政治関係の記事が掲載されている。そこから景気対策や雇用対策、社会保障を支える税制をしっかりチェックできる。

また、「首相官邸」という首相の1日の行動が掲載されているが、首相がどこに行って、どこに宿泊したか、どこで誰と会食をしたかが公表されている。国策として何を考えているかが垣間見《かいまみ》えるときもある。

【経済政策・金融経済面】経済を動かすお金の流れを読む

政府の経済政策や財政、税制、通商政策といった政府関連のニュースが経済政策として掲載されている。また、銀行・証券会社・保険会社などの経営動向や金融商品・金融サービスの最新情報、日本銀行の動きといった金融関連のニュースが掲載されている。

この面の間に「オピニオン」があるが、「フィナンシャル・タイムズ」の識者の意見が論じられている。

【グローバル市場面】グローバル市場動向やプレーヤーの動きなどから世界経済を読み解く

月曜日から土曜日まで世界市場のデータを一覧できる。下の部分にチャート欄があり、株式・為替・長期金利・原油や金の価格などがチャートで示されているので、ひと目で相場がどのようになっているかを俯瞰《ふかん》できる。

【国際・アジアBiz面】グローバルな視点で世界経済やアジアのビジネスをとらえる

各国の政治外交の話題、経済政策や金融政策、個別企業の動きが報道されている。アジアビズは、急成長するアジアのビジネスがクローズアップされ、アジアビジネスの最前線もレポートしている。

政権の交代や制度の変更などを確認し、欧米大手の動向も含め「日本の経済とどう関係するのか」という視点で読むといいだろう。

【テック面・インサイドアウト面】先端技術などの最前線を知る

この面は、テック面が火・金曜日、インサイドアウト面が月曜日に掲載される。この面は、地球環境問題など人類が抱える課題克服につながる先端技術やデジタルテクノロジーなどの最前線を取材し、データや国際規格を通じて、世界と日本を知るためのテーマを掘り下げている。

インサイドアウト面は、昔ながらの政府の決め事や自然にと受け入れていた慣習などが書かれており、これをひもとけば、新しい日本へ脱皮する手掛かりになるかもしれない。

【ビジネス面】仕事に直結するネタを探す

月曜日に掲載される「新興・中小企業面」を含め、個別企業の動きを報じている。業界や同業他社の戦略、伸びている新興企業や中小企業、新製品・新サービスの動向などの情報をきめ細かくつかむことができる。

私は毎年、ある女子大で就職ゼミの講義を行っているが、彼女たちから毎回、「日経新聞ではなく、ほかの新聞ではダメですか」と聞かれる。私は日経新聞でなければダメだと言っているのだが、その理由は就職というのは企業を選ぶことであって、個別企業の情報が一番多いのが日経新聞だからだ。つまり、日経新聞は就活生にとってもマストである。

【投資情報面】企業の成績表として情報を押さえる

企業の経営成果を示す企業決算情報や、資金調達などの財務情報を掲載している。主な企業や業界の業績動向の詳細や新株発行、社債の公募情報、新規上場企業の紹介など投資に役立つ情報を伝えている。

大事なのは「本決算」の企業が掲載されたときで、決算シーズンには両面にわたる。本決算は、売上高、経常利益、利益、1株利益、1株配当が掲載されるが、売上高と経常利益の変化率の組み合わせや、経常利益の前期、今期の変化率に注目するとよい。

またＩＰＯ（未上場企業が初めて株式市場に株式を公開すること）があれば、「新規公開株の横顔」をチェックし、「会社人事」も確認できる。

【マーケット商品面】鋼材から食材まで、商品相場を俯瞰《ふかん》する

「日経商品指数17種」の主要相場の数字があり、あくまで日本での市況ということは頭に入れておきたい。相場原油・穀物、鋼材、半導体などの基礎素材の〝商品〟市況が分かる。卸売価格などの最新データやその背景を分かりやすく伝えている。

【マーケットデータ面】国内外の各マーケットの現状を押さえる

データとして、国内外の株式、債券、外国為替、商品先物など各マーケットの前日の動きやこれからの方向性を探っている。左上の「市場体温計」のところに指数が掲載されており、私の三種の神器の１つである「指標ノート」に書き込んでいる。

【マーケット総合面】グローバルな金融の動きを読む

紙面右上に「ポジション」「スクランブル」、左上に「大機小機」といったコラムが掲載されている。株式、為替、金利など、値動きや見通しについて解説している。使えるデータや表も掲載され、ここからネタを探すこともできる。

【証券面】株式や投信の価格をチェックする

原則としてトータル5ページを使い、全上場銘柄とすべての追加型公募投信を網羅している。一度この面を俯瞰してほしいのだが、投信の数の多さに気づくだろう。そう考えると、上場企業の数より投信の本数のほうが多く、むしろ数が少ない株式から銘柄を選ぶほうが簡単なのではないかと私は考えている。

【経済教室面】識者が論じる重要な経済テーマを感じ取る

この面は60年あまりの歴史を誇り、専門家がその時々の経済問題や政策課題を執筆している。この執筆されたものが大学によっては論文とみなされることもある。

［地域経済面］課題解決に取り組む各地域のニュースを知る

東京なら首都圏版といった各地域のニュースを報じている。人口減少、少子高齢化への対応、産業の活性化など課題解決に取り組む姿は、「データで読む地域再生」として土曜日に掲載される。

［スポーツ面］スポーツの裏にあるビジネスの動きを知る

スポーツの結果だけではなく、その裏にあるドラマや人々の思いまで読むことができる。往年の名選手や評論家による「珠玉のコラム」は多くのファンがおり支持されている記事だ。また、大きなスポーツイベントの経済的・社会的影響などの分析記事も多い。

［社会面］社会ニュースで時代の空気感をつかむ

社会のニュースを幅広く報道している。この社会面は、世の中の大きな流れをとらえているケースが多く、何十年といった大きなテーマも登場する。雇用や採用などの動きも報じられている。

［文化面］心の豊かさを養うことも経済人として大切

伝統文化や芸能芸術の分野で活躍する人々が登場し、自らの体験に基づいた文明批評や研究成果、体験談などが披露されている。「私の履歴書」はビジネスの会話では必須《ひっす》と言っていい。

新聞は後ろから読んで、記事から投資のポイントを探す

私が日経新聞を活用し続けてきた30年近く、一貫してやってきた独自の読み方がある。それは**「新聞を後ろから読む」**ことだ。後ろとは最終面である文化面から読み始めるのだ。これは誰から教えられたことではないのだが、無意識のうちにずっと続けてきた読み方だ。なぜ後ろから読むのかと言うと、新聞社はニュースの価値によって掲載面を決める。つまり、1面から順に読ませたいという構成になっている。それは読ませたいという意図、言い換えれば新聞社の論調に沿って読むことになる。

すると、知らぬ間にその論調に流されてしまう恐れがある。私が後ろから読むのは、こ

うした論調に左右されず、事実やデータをつかみ取るためだ。これは無意識に編み出していた独自の読み方である。ぜひお勧めしたい。

そして、この章の最後になるが、記事を読んでいくにあたってのポイントが３つある。

1．キーワード（言葉）に注目する→大きな変化や転換点に気づく
2．データ（数字）に注目する→マーケット規模を知る
3．トレンド（方向性）に注目する→景気の方向性を知る

１つ目のキーワードに注目するとは、**見出しや記事に現れる漢字に注意して読む**ということだ。漢字というのは、日経新聞でよく見られる「最」や「初」「新」といった言葉で、現在進行している大きな変化をとらえることができるキーワードだ。これについては次章で、実際の新聞の見出しを見ていただきながら詳しく解説していく。

２つ目のデータに注目するのは、**業績も株価もマーケット規模に影響する**からだ。データには一定期間に流れた量を数字化するフローデータと、ある一時点において貯蔵された量のストックデータがある。

注目したいのはストックデータで、紙面上に掲載されるのは年末年始が多い。こうしたマーケットデータから数字をどう読み解いていくかは、拙著『日経新聞マジ読み投資術』（総合法令出版刊）で詳しく述べているので、本書では言及しない。

3つ目のトレンドに注目するとは、**マーケットがどのように変化していくかを見る必要があるから**だ。たとえ注目されているテーマであっても、景気が悪ければ株は買われることはない。景気の方向性を知ることは、実際の投資にとっては重要である。

以上、第1章が長くなってしまったが、日経新聞をどう読み解き、マーケットがどう変化しているのか、日経新聞のすごさを次章から感じていただけるだろう。そして、願わくば、投資のヒントとして大いに活用していただきたい。

第 2 章

世の中の
大きな変化をつかむ
「キーワード読み」

The unique "NIKKEI" reading to
search Ten-bagger

chapter : 2

日経新聞のキーワード探しから世の中の大きな変化を知ることができる

日経新聞を読んでいると、ある特徴的な言葉（漢字）が見出しに現れる。私はこうした言葉をキーワードとして、その関連の記事を追っていくのだが、そうすることで世の中の変化や転機が見えてくる。もちろん、投資に役立つかもしれない情報が載っている可能性が高い。

そのキーワードは見出しに登場する漢字で、主に8つある。

❶ **年**……例：35年ぶりの高値、50年以来の快挙、30年越し、2026年に　など。なかでも「～ぶり」は極めて重要
❷ **初**……例：世界初、業界初、初年度、初の～　など
❸ **最**……例：最高、最低、最多、最大、最長　など
❹ **新**……例：新技術、新商品、新たな～　など
❺ **発**……例：発表、発足、日本発　など

⑥転……例：転換、反転、転機　など
⑦脱……例：脱〜、脱退　など
⑧改……例：改正、改定、改善、改革　など

「これだけいいのか？」とよく質問を受けるが、こうした見出しが登場すると、その後の関連記事と併せて世の中の変化がつぶさにうかがえる。また、記事の中身を読んでいくと本文中にもこうしたキーワードが散見される。

日経新聞にはこうしたキーワードが頻繁に登場しており、1日に10個、多い時には20個を超える。つまり、キーワードに注目するだけで投資の眼が磨かれていくのだ。

この章では、世の中や業界が大きく変化していく様子を見出し、記事の内容から読み解いていく。キーワードは順不同だが、あなたも見出しからそれを類推して、変化を読み解いてみてほしい。

EVは本当に脱炭素化に寄与するのか

脱炭素化を目指し、各国が開発を進める電気自動車（EV）だが、このEV競争で米中が覇権を争っている。いや争っていたというほうが正解かもしれない。

日経新聞ではこのEV関連の記事が多く見られるが、記事を追っていくと、果たしてEVは自動車産業の未来を担うのか、その真実が見えてくるのだ。そうした視点からEV市場を読み解いてみてほしい。

Q1 次の記事で注目すべきは何だろうか？

・**全米自動車労組、初の一斉スト**（2023年9月15日）

この記事は全米自動車労組（UAW）が米自動車大手との労使交渉が決裂し、ストライキに入ったというものだ。米自動車大手は「ビッグ3」と言われる企業がある。米ゼネラル・モーターズ（GM）、フォード・モーター、クライスラーの親会社ステランティス・ノースアメリカの3社である。

この3社の組合員数は約15万人で、2019年にGM労組がストライキをして以来4年ぶりの出来事で、今回の一斉ストライキは初めてのことである。

まず、この記事が注目に値するのは、**「初の一斉スト」**という部分だ。これは言い換えれば、これだけ大規模なストライキはこれまでなかった現象で、賃上げ交渉が決裂したという単純なことではない。

労組側は、4年間で30％の賃上げや待遇改善を求めてのものである。物価高や賃上げの圧力が強くなっている米国の経済が色濃く反映された結果とも言える。しかし、記事の中盤に数行書かれていた、**EVシフトによる産業の構造変化**が、「初の一斉スト」の意味を象徴していると言える。というのも、EVはガソリン車に比べ部品点数が少なく、製造工程における生産人員が大幅に減ることになるからだ。

このEV普及の影響は、2023年10月13日の「EV普及の影響『業績にマイナス』49・2％」という帝国データバンクが行った民間の車関連企業への調査でも明らかだ。この記事によると、自動車部品メーカーやディーラーなど日本国内の車関連企業315社の回答を分析した結果、「プラスの影響」は全体の14・3%、「影響はない」は14%に対して、「マイナスの影響」が49・2%ということで、EVの部品点数が少ないため、サプライチェーンへの影響が大きいことがうかがえる。

つまり、問いにおいて注目すべき点は「初の〜」という部分で、米国における自動車産業の構造が大きく変わる予兆を表すキーワードであることが言えるのである。

では、自動車産業のマーケットはどうなっていくのか。

EV市場は縮小し、いずれなくなるのではないか、と私は予想している。世界のEV事業における展望を見わたせは、アップルのEV事業撤退、ベンツの完全EV撤退、フォードのEV事業赤字であり、そして、テスラの株価急落につながっていく。

では、EV事業とはいったい何なのか。それについては後述したい。まず、この記事で注目すべきは、**キーワードに「初」という漢字が出てきた**ことである。日経新聞において「初」というキーワードが出てきたら、その後の関連記事を追っていくとマーケットの変化、それも世の中の変化が読み取れるということだ。

では、このことに関連して、次の記事からは何が読み取れるだろうか。

Q2

次の記事で注目すべきは何だろうか？

・**トヨタ自動車、今期営業利益、初の3兆円**（2023年5月10日）
・**トヨタ4-6月黒字最高の19兆円**（2023年8月1日）
・**トヨタ今期純利益3・9兆円で最高**（2023年11月1日）

トヨタ関連の記事であるが、２０２３年5月10日に「初の～」というキーワードが現れてから、約３カ月おきに黒字額、純利益ともに最高の利益を生み出している。これは当然、世界でＥＶ事業が衰退する中で、現在の最高技術であるハイブリッド車の売り上げが一気に加速したことを意味する。

トヨタ自動車（７２０３）の5月10日の株価は終値１９３１円で、最高の黒字との記事が出た8月１日は２４４５円、そして、11月１日は２７１２円を付けた。では、ここが天井だったのかというとそうではなかった。ＥＶ市場が盛り上がっていかない中、世界は現状ではハイブリッド車を選んだということだ。翌年には立て続けに以下のような記事が出た。

・トヨタ時価総額「48・8兆円」、バブル期NTTを超え最高（2024年1月23日）
・23年トヨタ世界販売、初の1000万台越え1030万台、世界一（2024年1月30日）
・トヨタ、今期純利益、初の4兆円、時価総額、初の50兆円（2024年2月6日）
・トヨタ、前期営業利益5・35兆円、初の5兆円越え（2024年5月8日）

この時までは、株価はなかなか3000円を超えることがなかったが、2024年2月6日を機に株価は一気に3000円を抜け、3800円台を付けるに至った。

これらの記事で着目すべきは「初の〜」というキーワードもそうだが、**「最」という言葉に着目**してほしい。四半期決算での最高、純利益で最高、時価総額で最高と、この言葉も世の中の変化を表すキーワードということだ。そして、トヨタ車の販売台数がついに世界一へと向かっていく。この項をまとめている最近の記事にはトヨタの時価総額は60兆円に達している（2024年3月1日付）。トヨタの世界での1人勝ちが分かるだろう。

この流れは、EV事業はいずれ消えていくという私の見解からすれば、ハイブリッド車における最高技術を誇るトヨタ株は上昇の一途をたどるだろうと見ている。では、先述したEV消滅のシナリオはどこから読み取れるのか。次の記事を見て類推してみてほしい。

Q3 次の記事からEV事業の未来がどう読み取れるだろうか？

- **中国、EV勢力図塗り替え　車輸出台数、昨年初の世界首位**（2024年2月1日）
- **脱炭素　銀行に開示義務　主要国26年にも**（2024年2月16日）
- **脱炭素「1京円」団体離脱　気候変動対応、後退の懸念**（2024年2月16日）
- **米、EV普及策先送り検討**（2024年2月23日）

これらの記事は、脱炭素における政治的な動きをとらえたものだ。脱炭素とは2015年にパリで開催されたCOP21（国連気候変動枠組条約第21回締約国会議）で合意され、2016年に採択されたパリ協定で2050年までに温室効果ガスの排出量と吸収量を均衡させて、排出全体を実質ゼロにする**「カーボンニュートラル」**への取り組みだ。

この枠組みの中、世界主要国では脱炭素化に向けた目標を掲げた。自動車産業もガソリンによる二酸化炭素の排出量を削減すべく、EV開発に一層力を入れることになったのはご承知のことだろう。

2050年のカーボンニュートラルに向け、自動車産業では2035年までに排出目標が達成できない場合、製造そのものができない流れになっている。しかし、米国はEV普及の先送りを検討し始めているのだ。

というのも、全米自動車労組による初の一斉ストなどにより、労組基盤のバイデン政権が難色を示した2024年2月23日の日経新聞記事から、私はEVが普及しない理由を**「EV＝政治」**と考えているからだ。結局のところ、政治的な思惑がEVに絡んでいるため、その動きを追えばおのずと答えが見えてくると言っていい。

まず、EVの輸出台数が世界一になった中国であるが、2023年に491万台で日本を上回った。2020年頃より急激な右肩上がりをしてきたが、安さを武器に価格競争を勝ち抜き、米テスラを抜いて比亜迪（BYD）が中国最大手になっている。

では、中国は脱炭素に向けてのイニシアティブを握ろうとしているのか。

実はそうではない。とにかく環境や安全といったことを無視して大量生産し、世界のシェアを取ってしまおうというのが、この「初の世界一」というキーワードから見えてきたということだ。

なぜならば、ＥＶはモーターを電気的に制御するため、銅線の塊でできている。そのため、まずは銅を調達するボトルネックの部分で銅鉱山の乱開発という環境破壊をしてしまっている。それと同時に、銅の塊を積んだ車体は重いためタイヤの消耗が早く、粉塵《ふんじん》をまき散らすといった公害が出てしまう。

結局、脱炭素も何もないわけで、ＥＶ悪者論という論調に変わってきているのだ。つまり、「ＥＶ＝脱炭素」ではなく、「ＥＶ＝政治」というのが私の見解である。

では、米国のほうはどうか。先ほども述べたが、労組票に配慮したバイデン政権がＥＶ普及策を先送りしている。これは対立候補のトランプ前大統領が自動車の環境規制、ＥＶ購入者への税額控除、充電設備などのインフラへの補助金を廃止し、パリ協定からも再離脱を表明していることからの措置だ。

トランプ氏は、バイデン政権の掲げる「グリーン・ニューディール（気候変動政策）」は自国を破壊しようとしていると訴えており、自動車労働者の雇用を奪う規制を取り消すことを公約に掲げている。

２０２４年11月は大統領選挙があるが、民主党、共和党どちらが勝つにせよ、**いずれも厳しいのが米国のＥＶの現実**であろう。

いっぽうで、脱炭素社会は実現するのかという問題が残る。それが2つの記事「脱炭素銀行に開示義務　主要国26年にも」「脱炭素『1京円』団体離脱　気候変動対応、後退の懸念」へとつながっていく。

前者は、気候変動に伴うリスクにより、その潜在リスクを可視化するため銀行に開示義務を求めたものだ。

脱炭素社会への移行は融資先の事業縮小を通じて銀行の損失につながりかねない。国際決済銀行（ＢＩＳ）によると、価値がなくなる資産は最大18兆ドルに達し、これが不良債権化すれば膨大な金融危機に陥るからだ。

こうしたリスクを露呈したのが後者の記事で、米資産運用会社ＪＰモルガン・アセット・マネジメントとステート・ストリート・グローバル・アドバイザーズが脱炭素を進める投資家団体からの脱退を決めたことだ。

この流れが拡大すれば1京円（約68兆ドル）の投資枠はなくなっていく。これは地球の気候変動に取り組む企業が投資にならないといった判断にほかならない。政治の方向性が変われば投資家は手を引くのだ。

以上のことから読み取れるのは、**脱炭素とＥＶはまったく別の話だ**ということである。

いずれも政治的な要素が大きく、このマーケットに投資する危険性が伴ってくる。

では、実際にEV市場はどうなっていくのか。そのヒントになる記事がある。

・EV世界販売「35年5割超」IEA予測、実現へ3課題（2024年4月24日）

IEA（国際エネルギー機関）がEVの市場動向に関する報告書を発表したという記事だ。EVの販売台数は2023年の4500万台弱から2030年には2億5000万台、2035年には5億2500万台の見込みだという。

しかし、3つの課題と称して「価格低減、電池がカギ」「充電設備、6倍必要に」「供給網分断でコスト増」を挙げている。現況として、安価なリチウムイオン電池は中国メーカーがほぼ独占している。また充電インフラは2023年時点の400万カ所に対し2500万カ所が必要とされており、しかも充電規格も世界でバラバラだ。

リチウムイオン電池は高熱化しやすく、バッテリーを冷却化できずに爆発事故も起きている。逆にEVは寒気にも弱い。**「米国EVブームに陰り　大寒波で立ち往生　充電施設不足　HV乗り換え加速」**（2024年4月2日）。これは東京新聞の記事であるが、2023年

1月の大寒波で気温が氷点下20度以下になった日に充電施設に長蛇の列ができたというものだ。電池切れで止まってしまったEVがそこら中にあり、レッカー車を待つ車もあったという。こうした状況から、米自動車業界もハイブリッド車強化に戦略を見直している。

こうした背景にも、2023年までに新車の3分の2をEVにする戦略を掲げてきたバイデン政権が先送りを検討していることもうかがえる。

2024年の米大統領選挙がEVの戦略に大きく影響してくる。ただし、私は米国におけるEV戦略は失敗するだろうと踏んでいる。もしそうなれば、これだけ政治が絡むEV関連株には注意が必要だ。電池製造関連株、充電器製造関連株などは見送りが必要かもしれない。

それよりも、米国がハイブリッドに移行していく流れであれば、究極のハイブリッド車を生産するトヨタ株（またはハイブリッド関連株）は、少なくとも2035年までは高値を更新していくだろう。

では、それ以降のトヨタはどうなっていくのか。1つヒントと言えるのは、2023年5月に行われた富士スピードウェイでの24時間耐久レースで、**水素エンジンを搭載したトヨタのレーシングカーが完走した**ことであろう。これは「世界初」のことであり、トヨタが目指すのは水素エンジンだろうということが推測できる。

いずれ、ＥＶ対水素エンジンという構図が新聞記事に現れるだろうと私は見ている。

記事で取り上げられている株とその関連株

●トヨタ自動車（7203）

人口増が市場に与えるインパクト

「世界人口白書２０２４」が発表され、２０２４年最新の世界人口は81億１９００万人であると発表された。２０２３年に世界人口が初めて80億人を突破したが、それより約７４００万人が増加している。

人口は各国にとって経済を左右する重要なファクターで、増加・減少によりＧＤＰも上下する。それはどんな影響を与え、どんな市場の変化をもたらすのであろうか。投資に大いに役立つトピックスであるゆえに、これからの市場変化を頭に入れながら考えてみてほしい。

Q4 5つの記事からどんな変化が読み取れるだろうか?

- **中国22年末61年ぶり人口減、14億1175万人**（2023年1月17日）
- **インド、成長けん引役に　中国上回り人口最多へ**（2023年4月20日）
- **インド車市場、世界3位に　昨年販売、日本上回る472万台**（2023年1月17日）
- **インド・エア・インディア、米欧から航空機470機、過去最大級**（2023年2月14日）
- **1/1時点、日本の人口、初の全都道府県で減少**（2023年7月26日）
- **出生率1・20で最低　昨年、東京は1割れ**（2024年6月6日）

これらの記事の見出しだけを見て、3つのことが簡単に類推できるだろう。1つ目は中国に代わりインドが世界人口トップになったこと。2つ目は人口最多に伴いインド市場が一気に拡大していること。そして、３つ目が日本の人口が減少していることだ。

まず、中国の人口減少について、61年ぶりに人口が減少したという点だ。61年前の１９６２年は、毛沢東が大躍進政策（第二次五カ年計画１９５８年〜）に失敗し、多数の餓死者を生んだ時期に当たる。大躍進政策では、工業化へ向けた投資、農業の集約化の両方で失敗している。とくに、人民公社を立ち上げ「貧困のユートピア」を目指した毛沢東の思想は、人民公社自体の貧困化を招き、人口減少にいたるほどの失敗とされた。

そうした時代から再度、人口が減少した要因は産児制限、いわゆる**「一人っ子政策」**（１９７９〜２０１４年）による。中国の社会的安定から急激な人口増加に対し行われた政策であるが、詳細は割愛する。記事によると、この人口減は一時的なものではなく、今後も人口減少傾向が続き、今後10年で労働人口が６７００万人（９％）減るとされている。経済規模も米国を逆転しないとの試算（日本経済研究センター）が公表されており、中国市場はこれ以上拡大しないだろうということが見て取れる。

いっぽうのインドであるが、**14億２８６３万人で**世界一となり世界でも存在感を示し始めている。記事から特筆すべき点は、中央値の年齢（全人口を若年層と高年層の２つに分

記事1　インドの人口が世界1位に

インド、成長けん引役に

中国上回り人口最多へ

社会発展なお課題

国連人口基金（UNFPA）が19日公表した世界人口白書は、2023年にインドが人口規模で中国を上回るとの推計結果を盛り込んだ。世界の成長をけん引してきた中国だが、近年は伸びに陰りが出てきた。インドへの期待は高まるものの、社会発展にはなお課題を抱える。（1面参照）

国連の中位推計によると、23年7月1日時点でインドは14億2863万人、中国は14億2567万人となり、インドが290万人上回る。中国は22年に約60年ぶりに人口が減り、経済を支える人口動態のうえでは足元で明暗が分かれている。

中国は一人っ子政策などの人口抑制に成功し、豊富な労働者と少ない高齢者という「人口ボーナス」局面が実現した。

中国政府は改革開放路線を進め、01年には世界貿易機関（WTO）にも加盟した。グローバル化とIT（情報技術）の進展を追い風に高い成長が実現し、巨大な市場という形で先進国にもその成長の恩恵は波及した。

近年は成長が伸び悩み、社会保障が未整備なまま高齢化を迎える「成長の罠（わな）」に陥るリスクが指摘される。

先進国の技術を取り込んで成長する「キャッチアップ型」から、自前の技術で競争力を高める「イノベーション型」への転換は道半ばだ。

23年の時点でインドの人口の中央年齢は28歳と中国（39歳）より10歳若い。63年までは人口増加が見込まれており、高成長への期待が高い。インドのGDPは22年に英国を抜き、世界第5位になった。近い将来、ドイツ、日本を抜き3位になると見込まれている。

ただ、インドは現時点で1人当たりGDPは中国の6分の1にとどまる。社会資本の整備が遅れており、ビジネス環境の難しさなどから投資を尻込みする企業も多い。質の高い雇用も少ない。

インドの人口は今後、17億人近くまで増えると見込まれる。現状では、潤沢な人材を十分生かす道筋が描けているとは言いづらい。

グローバルサウスの代表として存在感を増しつつあるインドだが、世界をけん引する新たな盟主としての成長モデルはまだ見いだせていない。

2023年4月20日　日本経済新聞朝刊

- 人口最多で「最」のキーワード
- 中央値の年齢が中国より10歳若い
- 2063年まで人口増加
- GDP世界5位
- 近い将来、ドイツ、日本を抜きGDP世界3位にけた均等値）が中国39歳に対してインド28歳と10歳も若いということだ。

つまり、**今後も人口増加が見込まれ、高成長への期待も高い**ということだ。実際にインドのＧＤＰは、２０２２年にイギリスを抜き世界第5位になっており、近い将来はドイツ、日本を抜き3位に浮上すると予想されている。

それが実際に現れ始めているのが３つ目と４つ目の記事だ。日経新聞では２０２２年12月31日に**「22年インド新車販売425万台、日本抜き初の世界3位」**という記事を人口最多の発表に先駆けて掲載している。販売台数の修正値も含め、中国の人口減と同日の記事でインド市場に言及しているところも面白いのだが、中国が仕掛けるＥＶ競争と比較して考えるのにも意味があると言っていいだろう。

２０２３年1月17日の記事によると、新車販売台数は前年比26％増の４７２万台で日本の販売台数の約４２０万台を上回った（1位中国、２位米国）。**インドの自動車最大手はマルチ・スズキでインド国内シェア4割を超える。**２０２２年にはインド事業40周年を迎え圧倒的な存在感を示している。

ここで考えるべきは市場規模だ。日本が４２０万台、インドが４７２万台であるが人口比を考えてみてほしい。インドは14億2863万人と発表された。ということは、日本の10倍以上の人口、しかも中間年齢が28歳と若く、さらに人口は増加していく。

つまり、人口が日本の10倍なら自動車販売も日本の10倍、年間4000万台以上が売れてもおかしくはないという話なのだ。結果、4割のシェアを誇るスズキ（7269）の株価が10倍になるのではないかと想定できる。株価とはそういうふうに考えていくと、テンバガー（10倍株）も夢ではないということだ。

次に「インド・エア・インディア、米欧から航空機470機、過去最大級」という記事であるが、これも「過去最大」となっている。これが何を意味しているのかというと、**人が動く**ということだ。

とくにIT関連などでは、インド人はすでに世界に優秀な人材が輩出されていることで知られているが、これまではカーストという身分制度の社会で高位カーストだけが高等教育を受けて世界に進出した。しかし、人口増につれて市場が拡大すると中間層の移動も増えてくることになる。

その最初の段階が自動車であり、航空機、そして宇宙へとつながっていく。14億人もいればいずれ優秀な人材が出て科学も発達していく流れとなり、実際にインド初のロケット打ち上げや初の月面着陸なども成功している。この宇宙については第3章で述べることにしたい。

とにかく、ここから分かることは、**世界一の市場は中国からインドに変わった**という世の中の大きな変化だ。だから、単に記事を見て人口が増えたくらいの感覚で読んでいてはダメだ。インドのマーケットが世界一になったということは、例えば、自動車なら中国のEVとスズキの戦略を考える必要がある。

私はインドマーケットにおける自動車市場はスズキがシェアを拡大していくと見ている。というのも、インドは28の州と8つの連邦直轄領からなるカオスな社会であり、多様性に富んだ国である。つまり、それだけマーケットに食い込んでいくのが難しい国でもある。

これは並大抵のことではない。では、なぜスズキがインドで圧倒的な存在感を持つのか。以前、私は静岡県浜松市にあるスズキ本社の資料館を訪れたことがあるが、そこでなぜスズキがインドに強いのかという解説があった。スズキの祖業はトヨタ織機と同じく、遠州織物を織るための織機を作っていた。着物を織る織機を作っていたらしい。

遠州織物の特徴は格子柄で、**東南アジア地域の女性が着用する民族衣装「サリー」も格子柄が多かった**ことから、スズキは織機を売り込むため早くからインドに進出していた。

その後、スズキはバイク、自動車へと転換したわけであるが、今でもスズキの織機が現役で稼働しているところもあるそうで、インド市場における元々のベースがほかの企業とは比べものにならない。インド人にとってもスズキは抜群の親近感があるのだ。

今後、スズキがインドでどういった戦略を立てるかを注視していく必要があるだろう。スズキは現在、ＳＵＶ（多目的スポーツ車）での攻勢をかけて、ＳＵＶ市場での躍進を目指す戦略であるが、製造業振興策を図るインド政権にどう食い込んでいくのかが鍵になる。

最後に、インドに対して日本は全都道府県すべてで、初めて前年より人口が減少したという記事だ。これは１９７３年を最後に調査して以降のものであるが、記事では沖縄も初めて減少に転じたと掲載している。

いっぽうで、全国で住民票を持つ日本に住む外国人の人口は２９９万人で過去最多となっている。しかも、東京都の人口は２年続けて減少したが、外国人を含めると総人口でプラスに転じている。今の日本の実情が浮き彫りになっているのがわかる。

出生率も過去最低を更新した。厚生労働省が2023年の人口動態統計を発表したが、出生率は2016年から8年連続で低下している。これは当然のごとく子どもの人口の減少にも拍車をかけている。

総務省が発表した**「子どもの人口　最少　43年連続」**（2024年5月5日）という記事では、総人口に占める子どもの比率は11・3％で過去最低となった。比較可能な1950年は3分の1を超えていたのを考えると今後も人口減少が加速されるだろう。

これは逆に、少子高齢化の問題も含んでいる。高齢者が子どもの数よりも多くなったのは1997年のことだ。この年は山一證券の破綻《はたん》をはじめ証券・銀行が倒産し、平成金融危機の幕開けとなった年である。若者層が結婚や出産をためらう要因は30年前から始まっているのだ。

しかし、この傾向は日本だけではない。

・老いる世界　人口減少早まる　2080年代にピーク103億人（2024年7月13日）

世界もいずれ人口が減少し2070年代には18歳未満の人と65歳以上の人の人口が逆転

すると予測されている。中国は現在の14億1900万人から2100年には半減し、世界人口1位となったインドでさえ今世紀中には減少に転じるのだ。

逆に米国は人口増と例外であるが、米国より高い増加率はパキスタン、ナイジェリア、コンゴ共和国で、特にアフリカ地域の人口増は突出しており、現在15億人強の人口が2100年には2・5倍の38億人となり、世界人口に占める比率は4割になる。

2080年代から世界の人口は減少に転ずるという議論は拙速に過ぎるかもしれないが、日本の人口減少を含めこの問題を考えていた際に、歴史的な教訓を示唆する記事を目にした。

・人口減らすための大戦争「マハーバーラタ」に刻まれた恐怖（2024年5月1日）

インド神話学者である沖田瑞穂《みずほ》氏が寄稿したものであるが、神話は災禍をどう伝え、人類はどう受け止めてきたのかを現代の戦争への教訓として綴《つづ》っている。

インドの叙事詩『マハーバーラタ』は王位継承問題をめぐる争いから周辺諸国を巻き込んだ巨大な戦争物語だ。この物語に比肩するのがギリシャの『イリアス』で、その中には

10年にわたるトロイ戦争の話が描かれている。

この2つの物語に類似するのは、戦争の発端は「増えすぎた人口」であり、この重荷を神に信託したのだ。インドでは最高神ブラフマーであり、ギリシャではゼウスである。この神たちは重荷を軽減するために大きな戦争が起こるよう準備を整える。

これは現在でも変わらない。戦争とは貧困から人々を守る領地の取り合いであり、ロシアのウクライナ侵攻もイスラエルのガザ地区侵攻も、**太古から変わらない原因**なのだ。現代の戦争もこれら神話と根っこのところではつながっているように思われる。

人口動態予測は、あくまでも自然増加の予測であり、戦争だけではなく洪水や地震といった災禍にも見舞われれば未来は予測できない。だからこそ、これらの神話がまるで反面教師のように訴えてくると感じるのは私だけだろうか。

人口は増えれば増えるほどいいという考え方は経済成長にとって必要であるものの、人口は多いほうがいいのか少ないほうがいいのかという議論も必要になってくる。ただはっきり言えるのは、日本のマーケットは縮んでいくということだ。それならば、まず日本は当面、人口が増加していくインドと仲良くしなければならない。インドに市場を求めるのは当然だとしても、もう1つ、日本が労働人口も減り人手不足となるなら、巨大なインド市場に対応するために、どう自動化していくのかといった、さらに大きなストーリーも考えていく必要がある。

たとえば、単純に自動車需要が増えているからスズキ株に投資するということではない。もしスズキがそれに足りうる生産ができなければ成長株にはならない。おそらく、インドではそれより先にインフラも整備すべき土地がたくさんあるだろうし、様々な民族がいる多様性の社会にマッチした戦略も考えなければならない。

そうしたハード、ソフト両面から、**インド市場に適した日本企業があるのかを先読みして投資をする**ほうが、本当の成長株に出会えるというものである。

記事で取り上げられている株とその関連株

●スズキ（7269）

これからの世界の主導権を握る「半導体」の正体を読み解く

半導体産業は、「半導体戦争」と呼ばれるようになって久しい。しかし、２０１５年に中国の習近平氏が「中国製造２０２５」を産業政策とし、２０２２年に米商務省の産業安全保障局（ＢＩＳ）がバイデン政権のもと、対中政策として半導体の輸出管理規制を強化した時代とは様相は大きく変わっている。

半導体技術はさらなる進化を遂げ、巨額の金が投資され、すでに国家戦略レベルまでに至っている。なぜ半導体はこれほどの巨大産業となったのか。そこには次代の世界の覇権を握る重要な役割が隠されている。

これからの半導体の未来、そして、その半導体が国をどのように導いていくのか。そんな視点で考えてみてほしい。

Q5 次の半導体の記事から何が考えられるだろうか？

・**米国エヌビディア時価総額1兆ドル、半導体企業で初**（2023年5月30日）
・**アップル、終値で時価総額3兆ドル超、世界初**（2023年6月30日）
・**米エヌビディア、時価総額2兆ドル超、米国で3社目**（2024年2月23日）

エヌビディアは米国ナスダックに上場している電気機器の半導体生産・販売メーカーだ。ロボット用のソフトウエアとハードウエアを生産しており、今後は自動運転車やＡＩ機能を含めたヒューマノイド・ロボットなどの開発に乗り出すという。この企業が天井知らずの株価を付けており、1年経たないうちに時価総額が2倍になっている。

もう1つはアップルで、ＰＣやスマホに使用されるデバイスには半導体が欠かせず、アップル各種デバイスは世界で20億台を超えている。

この2つの話題から、私が世の中の変化をとらえると、**エヌビディアとアップルは評価が真逆だ**ということだ。

その話をする前に、半導体マーケットについての話を加えておきたい。というのも、一般の人にとって半導体という分野は難しく、投資対象としてどう判断すればいいか分からないという人も多いからだ。

現在の半導体の中心はＩＣ（集積回路）と呼ばれ、液晶シリコン半導体はスマホ、パソコン、エアコン、炊飯器、テレビ、洗濯機など、私たちの身の回りにあるものに多数使われている。言い換えれば、基幹産業にとって半導体はなくてはならない部品と言ってよい。

ここで考えるべきことは、エヌビディアとアップルの違いだ。２０２３年6月11日に**「スマホ出荷　10年ぶり低水準」**という記事が出た。スマホの機能が成熟したことや中古市場が拡大し２０２２年の出荷台数が下回ったのだ。世界でのスマホ普及率も76％に達し「スマホ経済」が踊り場を迎えていることがうかがえる。

つまり、アップルの時価総額3兆ドルはピークの象徴だと言っていいというのが私の見解だ。比べてエヌビディアは、これから成長する半導体事業であることから、こうした企業が1年も経たず時価総額が倍になるのは、世の中の大きな変化を意味する。

同じ半導体分野と言っても、マーケットの見方が違ってくるのだ。日経新聞に「最高益」と謳《うた》われた時が売りだという相場格言もある通り、それはある意味正解である。

半導体はシクリカル銘柄（景気循環株）といってサイクルを作る。スマホの景気が今後落ち込むのであれば、アップルの最高益はこれに当てはまるだろう。

しかし、エヌビディアの場合は、このサイクルとは別の右肩上がりのトレンドを示した。結果的に半導体売上高で世界一となっている。

・エヌビディア 初の世界一　半導体前期売上高 AI用シェア8割（2024年2月23日）
・NISAマネー海外へ　4月購入額 米エヌビディア首位（2024年5月25日）
・投資先スマホからAIに　エヌビディア時価総額首位（2024年6月20日）

売上高世界一もさることながら、注目すべきはAI用半導体シェアが8割で、ほぼ1強と言っていい。ただし、「エヌビディア時価総額首位」という記事では、「技術革新は常に起き『永遠の王者』はいないことは株式市場の歴史が示す」「今をAI革命の初期段階とみれば、勝者が定まったとみるのは早計」と書かれている。

技術革新というのは常に動き、永遠の王者はいないことを株式市場の歴史は示している。

1970年代に席巻したIBMは得意の汎用コンピュータがパソコンに取って代わられ、

ＧＥは多角路線が裏目に出た。

つまり、今をＡＩ革命の初期段階とすれば、**まだ勝者は定まっていない**というのが私の見方だ。

現在のエヌビディアは、２０２１年にゲームストップ株が急騰したミーム株のような活況だ。言い換えれば、典型的なバブルと言っていいだろう。それを示しているのが、日本でのＮＩＳＡ（少額投資非課税制度）の海外株買い付けランキングが１位となっていることだ。

記事では２０２４年４月の海外株購入額ランキングが掲載されているが、購入総額４２８億円の１割を占める46億円がエヌビディア株である。ほかにも巨大テック株を中心に購入されており、まさにバブルなのだ。

以上からもわかるように、半導体は次のフェーズを迎えている。それが次世代半導体であり、「新・半導体戦争」と呼ばれる世界戦争が始まっているのだ。

記事2　エヌビディアの売上高が世界1位に

エヌビディア 初の世界一

半導体前期売上高 AI用シェア8割

【シリコンバレー＝清水孝輔】米半導体大手エヌビディアが21日に発表した2024年1月期通期決算は、売上高が前の期比2・3倍の609億2200万ドル（約9兆1400億円）だった。韓国サムスン電子の半導体部門や米インテルの売上高を上回り、初の世界首位になった。人工知能（AI）半導体（きょうのことば）でシェア8割を握り「1強」になりつつある。（関連記事13面に）

AMD・インテル、対抗急ぐ

自社製品を手掛ける半導体企業の決算を通年ベースの売上高で比べた。エヌビディアの売上高は、インテルの23年12月期の売上高（約542億ドル）、サムスンの23年12月期の半導体部門の売上高（66兆5900億ウォン、約499億ドル）を上回った。

エヌビディア躍進の最大の理由はAIの需要拡大だ。英調査会社オムディアによると、エヌビディアは22年時点のAI半導体のシェアで8割を握る。24年1月期はAI半導体を含むデータセンター向けの売上高が475億2500万ドルと前の期比で3・2倍に増えた。

競合の米アドバンスト・マイクロ・デバイス（AMD）がAI半導体の性能やコスト競争力を高めているが、エヌビディアとの差は縮まらない。

強さを支えるのは製品力だけでなく、AI半導体を開発者が使いこなすためのソフトウエア開発環境にある。AIの学習で半導体が性能を十分に発揮するには専門のソフトが必要になる。エヌビディアは「CUDA」と呼ぶ開発・設計環境の豊富な周辺ソフトを開発者に提供する。

ハードとソフトを一体的に提供し、開発者に専門的な情報を共有するサイトを運営するなど、開発者との盤石なエコシステムを築き上げ、AI半導体で高い市場占有率を維持する。

AIが普及期に入るなか、競合も対抗策に一気に動き出した。

かつての半導体盟主のインテルが、21日に米国でイベントを開いた。エヌビディアの決算発表にぶつけるかのようなタイミングだった。パット・ゲルシンガー最高経営責任者（CEO）は「全てのAI半導体を製造したい」と意欲をみせた。

イベントには対話型AI「Chat（チャット）GPT」を開発した米オープンAIのサム・アルトマンCEOも呼んだ。

インテルは「ウィンドウズ」パソコンに搭載するAI支援機能を効率的に動かす半導体「コア・ウルトラ」を投入した。エヌビディアに対抗するAIエンジンでは「ガウディ3」を発表し、成長市場の取り込みを急ぐ。

AMDもAIスタートアップのノッド・エーアイを買収し、エヌビディアと比べ弱点であるソフト部門を強化する。

競合の半導体メーカーだけでなく、生成AIを開発する顧客である米テクノロジー企業も内製化を急いでいる。

米グーグルは独自半導体「TPU」の開発と運用を進め、AIの学習や推論に使う半導体の開発で先行した。アマゾン・ドット・コムやメタもAI半導体を開発している。

台風の目になりそうなのが、オープンAIのア

2023年5月30日 日本経済新聞朝刊

- 初の世界一で「初」のキーワード
- AI半導体シェア8割
- AMD対抗するも差は縮まらない
- 開発、設計環境の豊富な周辺ソフトを開発者に提供

Q6 次の記事から半導体産業の大きな変化を読み取ることができるだろうか？

- 次世代半導体「ラピダス」発足（2022年11月11日）
- TSMC、米工場は最先端の「3ナノ」と発表（2022年12月6日）
- 先端半導体 日米欧で　経済安保も念頭に（2022年12月14日）
- 半導体ラピダス、初工場は北海道・千歳と発表（2023年3月1日）

これらの記事は、半導体の世界が新しいうねりを生み出していることを示すものだ。まず記事の内容から確認していただきたい。

まず、台湾最大手のTSMCが米国に最先端の工場を設立したという内容だ。半導体に詳しくなければ3ナノというもののすごさが伝わってこないが、現在、半導体の世界においてナノテクノロジー、いわゆる**ナノ競争が激化**している。

ナノは数単位を表すもので、簡単に言うと、この単位が小さければ小さいほど処理量が大きくなる。これまで半導体が使われている製品は2桁ナノのものが普通だった。それが

1桁になり、ついに3ナノというレベルまで技術が革新した。現在は2ナノを目指す段階になっているが、この記事が出た当時の時点では、3ナノというのはこれまでにない進歩を意味している。

この記事に先駆けて、日本の半導体メーカーのラピダスが、この次世代半導体事業を発足し、その約3カ月後には北海道千歳市に工場を建設すると発表している。ラピダスは5兆円を投資し、2ナノ半導体の量産を目指す。

ご存じの通り、TSMCはすでに熊本県菊陽町に工場が完成しているが、ラピダスが北海道に工場を建設するのと同様、半導体生産に欠かせない豊富な水資源を生かせるという立地条件が決め手となっている。

半導体の世界は今、ナノテクノロジーを競う時代に突入し「2ナノ戦争」と呼ばれている。2070年代には1ナノ以下になるという予測もあり、そうなれば人工知能が確実に進化すると言われている。先述したエヌビディアが急成長を遂げている意味も分かるだろう。

さて、これらの記事から類推するにあたって、注目していただきたいのが「先端半導体

日米欧で　経済安保も念頭に」という見出しである。

ラピダスが2ナノ品の試作に成功している米ＩＢＭから技術ライセンスを得るという記事である。ラピダスは一から2ナノに挑戦するのだが、これはスマホの半導体技術に投資してこなかったために競争に負けた日本の現状がある。つまり、次世代半導体参入に向けてＩＢＭが手を組むことに同意したということだ。また、ベルギーの製造技術を持つ研究機関imec（アイメック）との連携にも合意している。

実は、この記事がこれからの半導体戦争の戦略を明確にしているということが言える。まさに重要な転換期であることが見えてくる。

もう一度、見出しを注意して見てほしい。「経済安保も念頭に」という部分だ。経済安保もということは、ほかに安保するべきものがあるということだ。新聞記事にはそのことには触れていないのだが、日米欧の政治的な動きが活発化している。

- **「日英、1902年以来の親密さ」**（2024年2月28日）
- **次期戦闘機の輸出、政府決定　日英伊、来月にも交渉開始**（2024年3月27日）
- **安保「米と分かち合う」同盟、最大のアップグレード**（2024年4月12日）

２０２２年12月に日英伊が戦闘機の共同開発することを発表しているが、ミドルパワー（準大国）である3国、とくに英国との緊密な関係に触れた記事が**「日英同盟、１９０２年以来の親密さ」**という記事である。１９０２年以来とはもちろん日英同盟を指しているのだが、記事の見出しはキャメロン外相が天皇陛下64歳の誕生日を祝うパーティーで実際に述べた言葉だ。

また、東京新聞はそれ以前の２０２３年1月20日の記事で**「１００年ぶりの日英同盟」**と銘打って、岸田首相とスナク首相の首脳の会談で締結された「防衛新協定」を取り上げている。ただし、そこは東京新聞らしく、大学の研究者の言を挙げながら、同盟は輝かしいものではなく英国が後ろだてとなり、日露戦争、第一次大戦へと向かわせたと疑問を呈している。

しかし、この勢いは早くも戦闘機の輸出につながっていく。では、これまで戦闘機の開発に同盟国でも厳しい態度を示してきた米国はどうなのか。それが日米安保の「最大のアップグレード」という記事である。

中国やロシアに対峙する米国が、その橋頭堡《きょうとうほ》として日本との関係をいっそう強化したことがうかがえる。記事では訪米中の岸田首相の演説のポイントがいくつか書かれているが、そのなかで「日米がＡＩ・量子・半導体で世界をリード」というものがある。

一連の半導体戦略はすべてここにつながってくる。つまり、**日本列島を次世代半導体の生産基地にする**というのが私の結論だ。そのための１つとして次のような記事が出ている。

・海洋秩序　中国の威圧抑止　日米比が初の首脳会談　重要鉱物で供給網（2024年4月13日）

日米比が「初の」首脳会談を行ったという記事で、ここにも初というキーワードが見られる。なぜフィリピンと会談を行ったのか。それは中国が南西諸島、台湾、フィリピンを結ぶ海上ルートを「第一列島線」と呼び、台湾有事を想定して米軍を侵入させない防衛の最低ラインに位置付けているからだ。

日本にとっても、台湾とフィリピンの間にあるバシー海峡は重要なシーレーンでもある。フィリピンに圧力をかける中国に対し、この航路を防衛する必要があるのだ。それは半導体原材料の重要鉱物の供給を守るという意味にほかならない。原材料が安全に確保できなければ、半導体材料も半導体生産もできなくなるからだ。

こうした外交的な外堀を埋めながら、**日本列島が「半導体の島」となる**ことが明白となる。その決定的な記事がある。

・半導体生産 日本が受け皿　対中念頭 経済安保を強化（2024年2月7日）
・半導体素材、国内に集結　信越化学が新工場（2024年4月9日）

半導体とひと言で言っても、その工程はいくつにも分かれている。その流れは**「元素化合物である原材料→原材料から作られる半導体材料→半導体製造装置→半導体生産」**である。半導体材料では、信越化学（４０６３）が世界シェア４割を誇り、製造装置では東京エレクトロン（８０３５）が強い。そして、これまで半導体生産ができなかった日本が、ラピダスを筆頭に誕生した。

このように、日経新聞を読み続けていくと半導体戦争の構図がはっきり見えてくるだろう。

しかし、話はここで終わらない。ここからは私の予見であるが、半導体生産における経済安保が図られたということ以上に、日本は重要な役割を担うと思っている。それは中国の軍事的防衛網として、通信・情報機器に欠かせない半導体生産を日本が中心となって行っていくということだ。

先に、米国における対中露の橋頭堡と言ったが、実は日本が経済安保の橋頭堡ではなく、**軍事施設としてアジアの橋頭保になる**と考えている。「日米がＡＩ・量子・半導体で世界をリード」という岸田首相の米会議での演説には、米国が「ＡＩ開発や戦闘機開発は日本でやれ」ということの裏返しなのだ。

１９８５年のプラザ合意以降、日本は米国からいじめられ半導体産業も壊滅してしまったが、それをいま、対中露、経済安保という形の中ですべて日本に戻すということが、新聞記事の中だけで見て取れるのだ。

例えば、今の戦争は無人のドローンなど遠隔武器が普通になっている。とすると、常に情報のやり取りが発生するが、その際にタイムロスがあってはダメで、なるべく最前線で、しかも相当正確な情報のやり取りを整備しておかなければならない。その兵站《へいたん》の最前線が日本ということになる。兵站とは、最前線の部隊に、武器や人員などの補給・輸送・管理を行う後方部隊だ。

つまり、半導体をワンオペ生産する必要があり、軍事データセンターとしての日本列島に変わるかもしれないのだ。だから、シクリカル銘柄のような単純な半導体生産ではない。半導体戦争における日本の位置付けは、戦場ではなく兵站、それも兵站の最前線を選んだということなのだ。

こうした日本の構えは、かなりの真実性を帯びている。半導体が軍事施設としての役割を担うのであれば、当然のこと情報は国家機密になる。つまり情報漏洩《ろうえい》を防ぐために必要な国策が必要となる。

それを示した記事が日経新聞からもうかがえる。

・セキュリティクリアランス成立、今年度末、自衛隊に統合（2024年5月10日）
・自衛隊創設から70年（2024年7月1日）

セキュリティクリアランスとは、日本の安全保障に支障を来すおそれがある情報を「重要経済安保情報」に指定し、これらのアクセスを民間企業の従業員も含め、国が信頼性を確認した人に限定するというものだ。企業の社員は事前に家族や同居人の氏名や国籍などのほか、犯罪歴や薬物や飲酒に関する情報、経済的な状況などを調査される。

個人情報が国に調べられることは恐ろしいが、国防ということを考えればまだ許される範疇《はんちゅう》だろう。しかし、セキュリティクリアランスが自衛隊にも統合されるというのだ。これは同日に「統合司令部」新設法が可決されており、自衛隊（陸海空）と米軍の指揮・統制枠組みをそろえて一元管理する「統合作戦司令部」でも情報を管理するということにほかならない。

これは極めて危険である。言ってしまえば、**完全に戦争をする側の一員として米国に組み込まれるための準備**なのだ。アメリカが入る司令部にもし陸海空の幕僚長が傘下に組み込まれるようになれば、日本は兵站どころか戦いの最前線に置かれる可能性を含んでいる。くしくも自衛隊は**創設から70年**を迎えた。それゆえに、いっそうの真実味を帯びてくると感じないだろうか。

さて、最後に半導体における銘柄は買えるのかという話だ。たしかに、これまでの話から日本の半導体銘柄は買いという話にはなる。しかし、業界のことがよくわからない人にとって、この関連株は難しいだろう。

私の場合なら、こうした動きの中で世の中がどう変化するのかを観察して、その周辺銘柄を検討する。例えば、私はＴＳＭＣの工場がある熊本県菊陽町に行ったことがあるが、そのときは町ができていない状態だった。しかし、人が集まってくるのは間違いない。

そのとき、隣の市である山鹿《やまが》市にリブワーク（１４３１）という住宅メーカーがあり、なかなか面白いと思ったことがある。また、九州に「シリコンアイランド構想」というものがあって、九州地盤の地銀が半導体関連に融資するという話があり、こういったところも注目してきた。

直接的な半導体銘柄は、間違いなく外国人投資家や機関投資家たちと競合する、であるならば、半導体に関連する周辺、それも身近なところから考えるのも投資の別の視点として頭に入れておきたいところだ。

記事で取り上げられている株とその関連株

●**信越化学工業**（４０６３）

●**東京エレクトロン**（８０３５）

●**リブワーク**（１４３１）

世界の戦略から見えてくる日本が原発を選んだ理由

国家戦略の中の1つとして、エネルギー政策は重要な意味合いを持っている。かつては石炭や石油に依存しなければならなかった時代は変化し、エネルギーを持つ国と持たざる国の政策はそれぞれの道を選択していくしかない。

そこで、世界のエネルギー分布を考えながら、日本が選択したものが未来とどうか関わっていくのかを読み解いてみよう。

Q7

世界と日本のエネルギー政策はどう変化しているのだろうか？

- 原発建て替え推進に転換（2022年11月29日）
- 習氏、7年ぶりサウジ訪問　石油取引拡大を協議へ（2022年12月18日）
- 原発建て替え、最長60年に延長、震災後のエネルギー政策転換（2022年12月23日）

・米LNG輸出　初の首位　脱ロシア、欧州向け増（2024年1月7日）
・志賀《しか》原発の一部 想定を超す揺れ（2024年1月11日）

まず、米中のエネルギー政策であるが、習近平が「7年ぶり」にサウジアラビアを訪問している。サウジとバイデン政権の関係がぎくしゃくしている中での訪問は、中国のエネルギーの安定調達だけではなく、世界での影響力を高める狙いもある。

もともと中国はサウジ最大の貿易相手国であり、石油の輸入だけではなく輸出も1位である。サウジも石油依存型の経済構造からの脱却を目指していることから、2国間の思惑も合致している。

・中国とサウジ急接近　包括協定、エネルギーからテックまで（2022年12月10日）

中国はサウジに対して、通信大手のファーウェイの技術提供のほか、直接投資、水素エネルギー分野での協力など覚書を交わしている。サウジの中国への急接近は、米国の中東離れによる不信感と米中対立で両国から技術協力や投資を引き出そうという狙いもある。

いっぽうの米国は、LNG（液化天然ガス）の輸出が「初の」首位である。シェールガスとLNGが産出されて天然ガス大国となった米国は、ロシアの天然ガス依存であった欧州にも供給できるようになった。

結果的に、世界のエネルギー勢力図が大きく変わったということだ。

では、日本のほうはどうか。記事から言えるのは、**完全に原発にシフトする**ということだ。11月29日の記事では経済産業省が原発建て替えを明示し、12月23日には政府が基本方針をまとめた形を取っている。

原発建て替えへの「転換」は、すでに廃止決定の原発を再稼働させるということで、二酸化炭素の出ない原発により脱炭素も可能になるという弁であるが、前にも述べた通り、脱炭素はあくまでも政治上の理論にすぎない。

日本政府は脱炭素を全面にGX（グリーントランスフォーメーション）実行会議と銘打っているが、私はこれは表向きのお題目にすぎないと思っている。そもそも、地震の多い日本に原発を戻すということは、他国へのけん制そのものでしかないからだ。

もし日本が攻撃されれば、とにかく危険な場所に建てられている原発がすべて破壊されてしまう。もし有事が起これば日本はたちまち核汚染列島となる。２０２４年元日に襲った能登半島地震では志賀原発が停止していたからこそ難をまぬがれたが、半島北を走る活断層付近に建てられたこの原発もエネルギー政策に加担する。

これは東京新聞の記事であるが、私はこれを読んでぞっとした。

・かつて「珠洲」予定地孤立　「原発あったらもっと悲惨に」（東京新聞、２０２４年1月22日）

能登半島地震で孤立した地の半島尖端《せんたん》に位置する珠洲《すず》市がある。かつてはこの珠洲が原発予定地になっていたのだ。計画は住民の反対を受けて２００３年に凍結されたが、もし珠洲原発があったら大惨事となっていたかもしれない。

今回の地震で、珠洲市住民は脱出に10日余りかかっている。船も出入りできない海岸線と急斜面の山しかないような半島に原発を建てるのはあまりにも危険な行為だ。私にはもう時限爆弾としか思えない。

いっぽうで、原子力規制委員会が敦賀原発2号機の再稼働をめぐり新規制基準に「不適合」であると結論を出している。２０２４年7月26日の**「敦賀原発2号機『不適合』、再**

稼働認められない全国初ケース」とあるように、日本では初のケースである。

これも珠洲市の能登半島地震の流れであろう。この判断は正しい判断であったと思う。とにかく日本海の一帯の原発は危険なのだ。

とはいえ、様々なリスクを冒してまで、なぜ日本は原発にこだわるのか。それは原発を選ばざるを得ない日本の状況だ。実はすべて、EV（脱炭素）しかり、半導体しかりの中露と米国の対立に起因している。

とくに世界が大きく変化する半導体戦争で、日本は戦場の橋頭堡に位置すると述べた。半導体製造はもちろん、建設ラッシュのデータセンターは莫大《ばくだい》な電力を必要とする。これらの電力をまかなうとなれば、原発に戻すしか日本の道筋は残っていない。つまり、**日本は情報列島としての道を選んだのであり、そのために原発を選んだ**のである。

日本が選んだ防衛策は原発列島の半導体拠点であり、すべてはセットということがこれまでの記事からはっきりと見えてくる。

記事で取り上げられている株とその関連株

●太平電業（1968）

●日本製鋼所（5631）

●TVE（6466）

コロナ後のインバウンドは日本の産業界を変えるのか

今や訪日客は年間3000万人を超える勢いだ（2023年度2500万人以上）。現在、この訪日客の動向がコロナ前と変わってきている。

コロナ前の日経新聞には**「都内訪日客の訪問先 新宿・大久保が最多」**（2018年6月22日）という記事があった。これは何を意味するのかというと、中心は買い物客であるということだ。

それがコロナ後には、まったく違う動きが出てきている。インバウンド関連の記事を追えば、投資の視点を変えるべきだということが分かるはずだ。

Q8 コロナ前とコロナ後のインバウンドのマーケットはどう変わっただろうか？

- **訪日中国客 回復どこまで**（2023年8月11日）
- **10月訪日客、コロナ前超え**（2023年11月15日）
- **23年ヒット商品番付**（2023年12月6日）
- **訪日客、初の300万人超 「コト消費」 円安で沸く**（2024年4月18日）
- **訪日客数最高1778万人**（2024年7月20日）

「10月訪日客、コロナ前超え」とあるように、コロナが収束しインバウンド関連が一気に回復したことを示している。しかし、注意したいのはコロナ前と後ではマーケットが大きく変わってきていることだ。

コロナ前は旅行客が日本製品を求めて殺到した。免税品や化粧品などがインバウンド需要をけん引していた。その中心は、**中国人の「インバウンド＝モノ消費」**で、コロナ解禁により、団体旅行が約3年半ぶりに解禁になった中国への期待する記事が**「訪日中国客

回復どこまで」だ。

中国は9月29日から中秋節《ちゅうしゅうせつ》と国慶節を合わせた8日間の大型連休があり、日本旅行は人気となった。**「海外旅行　1番人気は日本　処理水問題　どこ吹く風」**（東京新聞、2023年9月29日）では当時、福島第一原発の処理水問題で中国政府が日本産水産物を禁輸していたが、それでも中国人が日本にやって来ている。コロナ前の2019年の中国人訪日客は959万人、その約3割が団体客でモノ消費はツアー客の需要と言っていいだろう。

しかし2023年は、モノ消費に変化が生じている。その要因の1つに円安がある。訪日中国人の記事には、各国の1人当たりの旅行支出が掲載されており、30万円以上を使う国を順位通りに挙げると、英国、中国、フランス、ドイツとなっている。

これに円安という拍車がかかれば、モノ消費以外の需要も生まれてくる。そこで国土交通省も「観光立国推進基本計画」の素案を提示している。

・訪日消費、1人20万円に　観光政策、量から質に転換（2023年2月10日）

この素案では、とくに地方への誘客に触れており、欧米では重要なテーマである自然や

記事3 1カ月間の訪日客300万人突破

訪日客、初の300万人超 3月

「コト消費」円安で沸く

外国からの3月の訪日客数と1～3月の旅行消費額がともに過去最高を更新した。円安の追い風を受け、体験型サービスへの「コト消費」が沸いた。持続可能な観光地づくりに向けて各地でオーバーツーリズム対策の動きも出てきた。

日本政府観光局（JNTO）が17日に発表した3月の訪日客数は308万1600人で、新型コロナ流行前の2019年同月を11・6%上回った。

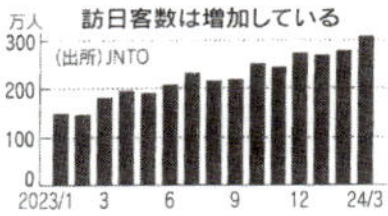

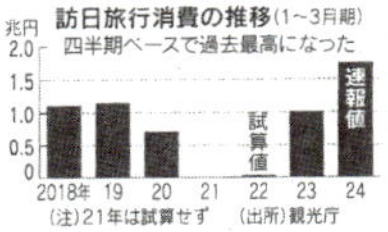

単月で最も多かった同年7月（299万1189人）を超え、初めて300万人を突破した。

イースター休暇や桜の開花シーズンを迎え日本を訪れる人が増えた。

国・地域別で見ると首位は韓国の66万3100人で19年3月比で13・2%増だった。台湾が同20・4%増の48万4400人と続いた。3位の中国は45万2400人で同34・6%減だった。

サービスに比重

観光庁が17日に発表した24年1～3月の旅行消費額は1兆7505億円（速報値）で四半期ベースではこれまでで一番大きい。1人当たりの旅行支出は19年同期比41・6%増の20万8760円だった。

円安による割安感が高価格帯の消費を後押しした。仏LVMHモエヘネシー・ルイヴィトンが16日に発表した24年1～3月期の地域別売上高で、日本は前年同期比32%増と大幅に拡大した。日本を除くアジアは同6%減と減速が目立った。

目的別でみると最も多かったのは宿泊費で5619億円だった。訪日旅行消費の構成比をみると宿泊費は19年1～3月の28・6%から24年は32・1%に上昇し、買い物代は35・9%から29・2%に下がった。

2010年代にあった中国人観光客のような「爆買い」よりもサービスを中心とする消費へ比重が移っている。

訪日客の増加に伴い国内旅行などサービス価格は高くなっている。総務省の消費者物価指数（CPI）によると、2月の宿泊料の価格指数（20年＝100）は147・7で、コロナ禍前の20年2月の118・2から1・25倍になった。

京都駅近くのホテルによると中国や韓国、香港を中心にインバウンドの宿泊予約が伸びている。ゴールデンウイーク（GW）の予約の8割が訪日客で、客室稼働率を20～30㌽押し上げた。

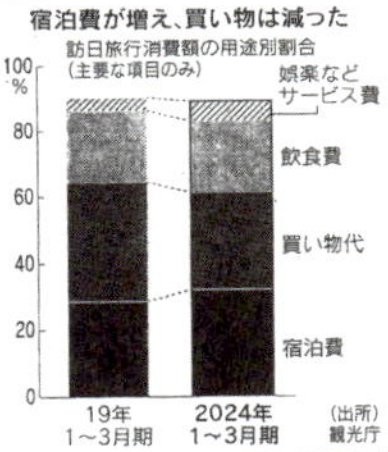

訪日客の増加は宿泊料金の上昇にもつながる。梅小路ポテル京都（京都市）は24年3月以降、海外向けの料金を1割上げるなど国内客より高く設定している。24年GWの客室単価は23年に比べて5%上がった。

SNSでは観光地で1杯2000円のラーメンなどが話題になる。訪日旅行者向けのモノやサービスの価格を日本人向けより高く設定する「外国人価格」との指摘がある。

第一生命経済研究所の首席エコノミスト・熊野英生氏は国内の飲食・娯楽消費について、訪日外国人が個人客に占めるシェアは23年の7・9%から29年に16%台へ上昇すると試算する。「今後も価格上昇圧力が働くことが予想される」と話す。

観光公害に対策

観光客の急増に伴い地元住民の生活に影響が出るオーバーツーリズムも深刻になってきた。人気観光地の京都・祇園では私道の通り抜けや無断での写真撮影などが相次ぐ。

景観保全などに取り組む祇園町南側地区協議会は5月中旬から私道の通り抜けを禁止する看板を立てる。日本語に英語、中国語を併記し、許可なく侵入した場合は罰金1万円を科すとも記す。

同協議会の太田磯一幹事は「生活空間を守るため、地元主体で自衛していく必要がある」と話す。

岸田文雄首相は17日に開いた観光立国推進閣僚

2024年4月18日 日本経済新聞朝刊

- 初の300万人超で「初」のキーワード
- 新型コロナ流行前の2019年同月を11.6%上回る
- 体験型サービスへの「コト消費」に変化
- オーバーツーリズム対策

文化の保全につながるコンテンツの提供などをアピールし強化としている。この量から質は、**モノ消費から「コト消費」への変化**を表している。

この現象は、２０２３年にヒット商品番付にも如実に表れている。日経新聞では毎年、日経ＭＪヒット商品を番付発表しているが、西の前頭に**「円安リッチ訪日客」**がランクインされている。円安を追い風に高額な体験型サービスを得る欧米人が急増したためだ。

コトに消費するサービスは多岐にわたるが、自然や文化を体験したい欧米客は、これまでの三大都市圏の枠を超えている。それを示した面白い記事がある。

・徳島の秘境、欧米客を呼ぶ　訪日宿泊、全国8割に回復（2023年12月23日）

徳島県と聞いて驚く人もいるだろう。日本人でも徳島に観光に行く人は少ないのではないだろうか。徳島県では山間の秘境と呼ばれる祖谷《いや》地区が日本の原風景として欧米人に人気なのだという。樹木のつるを編んだ渓谷の「かずら橋」という吊《つ》り橋には多くの外国人が観光に訪れている。この地区にある宿泊施設も欧米人が４割強で、露天風呂付きの部屋など単価の高いものが人気となっている。

この傾向は完全にコト消費であり、欧米人が訪れる地域の伸び率は、この徳島県をはじめ、宮崎県、島根県、佐賀県、福井県、石川県などが続いている。また全国8割に回復した回復度でも1位東京都以外に、2位栃木県、3位高知県と地方、田園の地域が注目されているのだ。

結果的に、訪日客は2024年3月に初の300万人を超えるという記事に至っている。観光立国を目指し、各地でオーバーツーリズム（観光公害）対策の動きが出てきている。また、観光客が和食に舌鼓《したづつみ》を打つというのも体験型サービスと言っていいだろう。サービスに食は付きものだ。昨今は居酒屋ブームで電車の高架下の居酒屋などは9割方が外国人で埋まっている。和食は世界に拡大しており、外国人が日本で本場の和食を体験したいというニーズもある。

これは東京新聞の記事であるが、『『WASHOKU』海外18万店』（2023年11月11日）の中で、海外の和食レストランが10年で3倍以上に広がっているという。外食チェーンの進出によるものも大きいが、こうした背景も日本を訪れたいという志向にプラスに作用しているのではないだろうか。

もちろん、居酒屋ブームだけではなく、円安リッチというように高級レストランや料亭の需要も大きい。

モノ消費からコト消費へと変化したインバウンドのマーケットであるが、これからどういったところに注視していけばいいだろうか。もちろん、観光業関連については業績が回復しており、**「藤田観光、ROE急回復」（2024年3月12日）**にも見るようにインバウンドを追い風に営業黒字に転換している。

しかし、私は現在の年間3000万人の訪日客は、その倍の6000万人になってもおかしくないと考えている。それはやはりコロナ前とはマーケットが大きく変化したからだ。藤田観光（9722）は高級スイートルームなどの高単価な客室の需要が増えており、これは円安要素によるもののほうが大きい。

ちなみに、円安というのはあくまで為替の政策によって変化する。また世界の景気変動により円高に振れる場合もある。そういう意味では、モノ消費のインバウンドのマーケットは判断しづらい。

それよりも、訪日客が確実にコト消費へと変化している状況から、サービス業に着目したほうが面白いだろう。たとえば、先ほど挙げた欧米人の行く佐賀県や宮崎県などの九州を考えれば、サービス業ではないがＪＲ九州（９１４２）は、九州１周ができるプランを企画している。

むろん、関東人の私からすれば、九州まで行って、そこからツアーに参加するのは値段が高いと感じるが、今の外国人にとっては割安だろう。インバウンドにおけるサービス業とは何か、そこを探すほうが近道ではないだろうか。

記事で取り上げられている株とその関連株

- 藤田観光（９７２２）
- ＪＲ九州（９１４２）

観光立国とは何か。「大阪・関西万博」誘致の真の狙い

２０２５年４月13日に開かれる大阪・関西万博。旧態依然の万博スタイルで、経済効果はあるのかといった疑問の声が出ている。しかし、万博誘致にはもっと大きな意味が隠されている。

この万博には、どんな企業が参画し、どんな人が期待を寄せているのか。そして、大阪はどう変わっていくのか。万博テーマ「いのち輝く未来社会のデザイン」の本当の意味が見えてくる。

Q9

以下の記事から何が想像できるだろうか？

・政府、大阪IR認定、日本初のカジノ（2023年4月14日）

唯一、日経新聞に掲載されたカジノについての記事である。実は、日本が観光立国を目指す先にあるのが、このカジノ構想だ。

２０２９年の開業を目指し政府が認定したという内容であるが、大阪・関西万博の会場、夢洲《ゆめしま》にカジノを作る計画になっている。

運営は米ＭＧＭリゾーツ・インターナショナル日本法人やオリックス（８５９１）などで構成する「大阪ＩＲ株式会社」で、パナソニック（６７５２）やダイキン工業（６３６７）など20社が出資している。

ＩＲとはIntegrated Resortの略で、統合型リゾートと訳されるが、カジノのほか、高級リゾートホテルや国際会議場も一緒に作られる。これはカジノで誘客する単なる観光消費を狙うものではない。そもそも日本人に入場規制がかけられるからだ。

カジノ構想はギャンブル依存症などが懸念されているが、国内客の入場は週3回、28日間で10回までに制限され、1回６０００円の入場料が取られる。いっぽう、**外国人は入場無料**だ。つまり、はなから日本人客は相手にされておらず、ギャンブル依存症は建前上騒がれているにすぎない。

そもそもカジノは富裕層の娯楽で、ラスベガスやマカオ、シンガポールでの収益のほとんどは外国人によるものだ。とくに、中東オイルマネーの大富豪たちが日本にやって来れば、莫大な金が落とされる。

ここからは私の深読みであるが、おそらく大阪万博開催が決定した時点で、カジノ建設ありきで進められたものであると考えている。大阪万博建設には、工期の遅れからパビリオン建設が開催に間に合わない、下水処理施設ができていないなど問題視されているが、万博が成功するしないに関係なく、すべては２０２９年のＩＲ開業に間に合えばいいということだ。

では、なぜ大阪なのか。実はここが大事で、建設地が夢洲というところだ。夢洲は関空よりも神戸空港が距離的に近い。中東の大富豪たちは自家用ジェットを使って神戸空港に降り立ち、そこから船で直接、夢洲に入るルートが確保される。そもそも彼らが関空から電車を乗り継いで夢洲に向かうことは考えられない。彼らは自国から自家用ジェットで直通で現地に行けるルートしか選択しないのだ。

そしてもう１つ、大阪に建設するのは、日本各地へ行くのにちょうどいい場所であるからだ。それは中東の大富豪が一緒に連れて来る奥様方はじめ家族である。一夫多妻制である彼らは夫人たち全員を連れて旅行する。

例えば、ラスベガスに行く場合、男はカジノで1日中過ごせるが、夫人たちは周りに砂漠しかない地で、2、3日もいれば飽きてしまう。しかし、大阪にカジノができれば、夫人たちはそこから日本各地に観光旅行に出かけることができる。

インバウンドの項にもあったが、徳島県や九州、北陸など外国人に人気のスポットになっている場所にも簡単に行くことができる。おそらく彼らが長期滞在できる場所を求めているであろうことを考えると、大阪である意味は大きい。

そして、カジノ構想により人の流れも大きく変わる。夢洲へは地下鉄が通り、神戸からもフェリーが航行すれば、大阪が大きく変わるということなのだ。

記事で取り上げられている株とその関連株

- **オリックス**（8591）
- **パナソニック**（6752）
- **ダイキン工業**（6367）

日本列島が変わる!?
2033年には都市が一変する

ある1つの記事から、変化の兆しを想像できることがある。そのときは小さな転機かもしれないが、そこから想像を膨らませると、やがては世の中を変えるような大きな転換点を迎えることがある。

こうした想像は、多角的な投資の眼を鍛え、テンバガー（10倍株）を探すに至っている場合がある。言い換えれば、世の中が変化を遂げる前にそれをとらえなければ、なかなかテンバガーには出会えないということだ。

Q10

以下の記事から日本の都市の姿が浮かび上がるが、その姿が想像できるだろうか？

・文化庁、京都でスタート、中央省庁初の移転（2023年3月27日）

一見すると、東京とは何の関係がないと思われるかもしれない。しかし、**「中央省庁初の移転」**というところに大きな意味がある。

記事によれば、この移転は2014年に地方創生の施策として中央省庁が動き出したものので、まずは京都を「文化首都」として発信するのが狙いだ。最終的には7割に当たる約390人が京都で勤務することになる。

ここまでで何か気づいた方がおられれば鋭い。先のカジノ、そこから観光に広げる大阪には商売が集まる。そして、日本の文化を発信するのが京都。すると、残された東京はどんな街になるのかを想像することだ。

私は一連のこうした動きから、東京は経済・金融の街になるのではないかと思っている。例えば米国は、政治はワシントンD.C.、経済はニューヨークといったように分立しているが、東京はその2つが合わさったような街だ。

しかし、中央集権的な体制は国力を弱め、日本全体の力が出せなくなる。政治と経済の分立は、実は急務な話なのだ。あまりにも中央集権になりすぎると地方との格差が広がっていく。地方創生が謳《うた》われているのもそうした背景に起因しており、東京都知事の権力が強いのも東京がそれだけ大きな利権を持つからだ。

では、東京は経済の街に向かっていくのか。私が着目した別の記事がある。

・データセンター東京集積（2023年4月9日）

これは東京圏のデータセンターが今後3～5年で倍に拡大し、シンガポールを抜いて中国に迫る見通しだというものだ。急速なデジタル化による需要と経済安保の観点から中国回避の流れに乗り、国境を越えたデータ通信が東京都市圏に集積するというのだ。

実際に、グーグル、アマゾン、NEC（6701）など国内外のIT企業が使う巨大データセンターが千葉県印西《いんざい》市に立ち並んでいる。

こうした変化により、少なくとも**東京が金融ハブになる**のは間違いない。これまでのアジアの金融の中心はシンガポールだったが東京がそれを取り戻し、米国のニューヨーク（ウォール街）のようになる。

そうなれば、データ基地の東京に日本の企業は本社を置き、ウォール街のように世界から様々な人たちが情報交換にやって来る。現在は、アジアのファンドマネジャーの多くがシンガポールに拠点を置いているが、やがて東京に戻って来るだろう。

世界の金融メンバーたちも東京に来て、彼らと情報交換をしながらバーで1杯やる。東京はそんな街になるのではないかと想像できる。

文化庁が京都に移転するという話から、東京の姿まで想像する。これが日経新聞の深読みである。

では、政治は京都に移転するのか。これに関しては京都なのかどうかは分からない。ただ、政治は関西に移転するのではないだろうか。

くしくも2024年6月にリニアモーターカーのリニア中央新幹線トンネル工事で山梨・静岡・JR東海（東海旅客鉄道：9022）の三者が合意締結をした。これまでリニア事業に難色を示してきた静岡県の川勝平太前知事に変わり、リニア推進の鈴木康友知事へと変わった結果であろう。

これで東京―大阪の移動も大変化を起こす。開業は2027年以降となるが、政治と経済の役割分担はこれでスムーズとなる。

また、これはかなり妄想になるかもしれないが、私は天皇家が京都に帰還し、首都は東京ではなくなるとまで考えている。そうなれば、**〝日本の遷都〟という大変化**が生まれる。

東京は天皇の皇居があり、省庁があり、企業の多くが集まった、本当にごちゃごちゃした街である。世界に王室がある国を見てみると、その代表的な英国は、故エリザベス女王はロンドンのバッキンガム宮殿から34キロ離れたウィンザー城に居を移転した。現国王チャールズ3世もロンドンで国政にたずさわりたくない意向を示している。

また、タイ王室もバンコクに宮殿があるが、国王はバンコクに住んでいない。これは、中央政権から王室が離れている流れを示している。

日本も同じ流れに向かっていくのではないだろうか。そうした流れを踏まえ天皇家が遷都するなら、私は奈良県の飛鳥《あすか》だと考えている。ある人から聞いた話であるが、飛鳥周辺は建築基準が厳しく簡単に家を建てられないため、広大な土地がある。

こうした想像は、私が20年前から考えていたことで、次の美しい日本の時代は2033年以降にくると読んでいるからだ。というのは、次の伊勢神宮式年遷宮が2033年であって、私が言い続けている**「伊勢の運営サイクル」に合致する**からだ。

式年遷宮は20年に一度行われ、景気と不思議な関係がある。古来、神様が米座《こめざ》と金座《かねざ》を繰り返している。米座の時期は平和で心豊かな「精神の時代」、金座の時期は激動、物質欲が強い「経済の時代」と言われている。

実際に1973年から1993年の20年間は金座の時代で、日本がバブルに向けて駆け上がり、崩壊を迎えるまでの時代だ。そして、2013年から始まる金座の時代は、まさにアベノミクスが始動された年で、動乱のコロナ禍を経て日経平均株価がバブル期を超えた。

経済が大きく変わる変化の中で、日本は2033年迎える残りの年で姿をガラリと変え、新しい20年に向かっていく。そんな夜明けを想像している。読者諸兄姉は、どんな日本の未来を考えるだろうか。

記事で取り上げられている株とその関連株

- 東海旅客鉄道（9022）
- NEC（6701）

スパイたちの「情報戦」はまさに世界で起こっている

半導体をめぐる世界の熾烈《しれつ》な競争が展開され、日本は〝半導体列島〟としての道を選択した。これにより経済安保の戦略図が描かれることになった。また、データセンターを呼び込む流れを整え、世界各国から一層多くの人々が日本を訪れる。

そうなれば当然、様々な情報が1カ所に集まってくる。その情報源は経済安保という立場からも極めて重要な機密事項も含まれる。言うなれば、国家の威信をかけた情報戦が繰り広げられることとなる。

Q11 次の記事の見出しから世の中の変化がどう読み取れるだろうか？

・中国反スパイ法 企業備え 改正で摘発対象を拡大（2023年4月26日）
・中国政府職員 米に情報 スパイ容疑で摘発（2023年8月23日）

・「スパイ戦」米中会談に影　CIA、10年越しの対中情報網再建（2023年9月23日）

日本人にとってスパイというと、映画００７シリーズや『ミッション：インポッシブル』など架空の世界の話だと思っている人が多いだろう。しかし国家機密、とくに現在では技術情報を探る活動が現実として存在する。

中国が反スパイ法を改正したのは２０１４年の施行以降「９年ぶり」のことだ。国家安全局は、これまでスパイ行為については国家機密の提供と位置付けていたが、改正法では「国家の安全と利益に関わる文書、データ、資料、物品」と解釈の枠を広げた。

これにより、中国でスパイと見なされる行為の範囲が拡大し、無許可でのアンケートやインタビュー、不特定な会合への出席などで疑いがかけられれば荷物や電子機器を強制的に調べられるようになった。

また、中国に不利益になると思われる雑談レベルでも摘発の対象となることや、台湾や香港について投稿されたＳＮＳまでも摘発される可能性がある。というのも、スパイ行為を見つけて通報した者は表彰されるからだ。鵜《う》の目鷹《たか》の目でスパイ行為に結びつけようという輩《やから》も増えていく。

これにより中国旅行者のリスクが高まったが、とくに危険なのは中国に滞在する日本法人の社員だろう。実際に、アステラス製薬（４５０３）に勤める現地社員が反スパイ法の疑いで身柄を拘束されている。

この反スパイ法が改正されたのを受け、２０２３年８月22日付の記事では中国人職員が日本に留学中に米中央情報局（ＣＩＡ）と接触し、情報を提供していたことで拘束されている。また、ＣＩＡと接触していた軍需産業の中国人も摘発された。反スパイ法の改正で中国の取り締まりが強化された証拠である。

こうした動きに対し、米国も対抗措置に動き始めている。それが９月23日付の「10年越しの対中情報網再建」だ。なぜ10年越しなのかというと、米国は２０１０年頃に中国によって中国内のＣＩＡ組織を壊滅された経緯がある。中国はＣＩＡ組織の工作員を買収し一気に排除したからだ。

ＣＩＡのウィリアム・ジョセフ・バーンズ長官は、米国の安全保障フォーラムで、ＣＩＡの諜報《ちょうほう》活動がここ数年で進展してきたと明言している。つまり、対中スパイ戦の火蓋《ひぶた》が切られたということにほかならない。

ＥＶや半導体、ＡＩ等、技術情報は経済安保として今や必須となったが、こうした技術は軍事機密にも相当する。日本が半導体列島として橋頭堡を築く理由は、隣国である中国の軍事戦略への対抗措置とも言えるのだ。

２０２３年４月６日、陸上自衛隊第八師団所属のヘリコプターが沖縄県宮古島付近で偵察中に行方不明となり、その後、乗組員10人全員の死亡が確認された。防衛省は事故と発表したが、その２日後に東京新聞がこんな記事を掲載している。

・ネット上、飛び交う憶測　不明点多く「偏った見方、陰謀論、デマも」（東京新聞、２０２３年４月８日）

これは、陸上自衛隊が沖縄の南西諸島各地に駐屯地やミサイル部隊の配備を進めてきたという延長線上から書かれた記事である。

この背景には、**中国による台湾有事**が念頭にある。防衛省はこれに備え「南西シフト」を進め、岸田政権は敵地攻撃用のミサイル配備も検討していた。そんななかに起こったヘリ墜落事故に、ネット上では「事故とは思えない」という声が数多く上がった。

しかし、陸上自衛隊の事故調査委員会は事故の約１年後の２０２４年４月14日、ボイスレコーダーの分析からエンジン出力低下による事故と正式に発表している。ただ、なぜ離陸後すぐにエンジンの出力が低下したのか、人為的なエンジントラブルなのかの究明には至っていない。

結果的には事故ということではあったが、こうした疑いの声が出るということ事態、日本人が軍事的な話や中国の動向を気にするようになったということだ。これもまた東京新聞の記事であるが、**「ドラマ『VIVANT《ヴィヴァント》』で注目　陸自部隊『別班《べっぱん》』って何?」（2023年8月17日）**というもので、陸上自衛隊の秘密情報部隊「別班」が描かれヒット作品となった。

政府はこれまで別班の存在を否定しているが、これもスパイ活動である。日本でもスパイ活動の歴史をたどれば、旧陸軍中野学校の話までさかのぼる。言うなれば、世界各国でスパイは暗躍しているのだ。

話を日経新聞に戻すが、米国はスパイ活動についてもはや暗躍ではなく、公然と諜報員を募集している。

・スパイも愛する「SXSW」優秀人材、隠れず探す（2024年3月11日）

これはＣＩＡがテクノロジーと音楽・映画の祭典「ＳＸＳＷ（サウス・バイ・サウスウエスト）」に専用ブースを設け、**テック人材を募集した**という記事だ。サイバー分野の専門人材、テックに興味を持つ若者を獲得しようという試みであるが、技術をめぐる攻防が世界の情報戦に左右されるということなのだ。

では、投資目線でこうした事象をどうとらえればいいのか。

まず急務なのは我が国の国防ということになろう。サイバーテロによる攻撃に備えることは、軍需産業にかかわらず情報を扱うすべての企業にとって必須だ。巨大なデータセンター構想もある中で、日本のセキュリティーを強固なものにしなければならない。

身近なところで言えばパソコンのセキュリティーが思いつくだろう。セキュリティーに関してはＩＢＭやＣＩＳＣＯなど海外企業が強いが、日本では富士通（６７０２）が最大手となる。

また、こうしたＩＴセキュリティーは新興企業に注目しても面白い。カウリス（１５３Ａ）はマネー・ロンダリング対策などの不正アクセス検知クラウドを開発する、２０２４年３月に東証グロースに上場した企業だ。

記事4　CIAがスパイを募集

スパイも愛する「SXSW」

CIA、米テック祭典にブース

優秀人材、隠れず探す

【ワシントン=大越匡洋】米国のスパイ機関がテクノロジーと音楽・映画の祭典への愛を深めている——。米中央情報局（CIA）は米南部テキサス州オースティンで8日開幕した「SXSW（サウス・バイ・サウスウエスト）」に2年連続で専用ブースを設けた。技術を巡る攻防が世界の情報戦を左右するなか、人材獲得にしのぎを削る。

もはやかつてのCIAではない。秘密のベールに包まれた情報機関の「神話」を捨て去り、現実の「雇用主」としての評判を高めるため、優秀なテック人材が集う場所へと自ら出向く——。CIAがSXSWに参加する狙いだ。

CIAの広報担当者によると、CIAは2015年からSXSWへのパネリストを派遣したり、講演に参加したりする取り組みを始めた。さらに23年からは「スーパーチャージしたスパイ」という宣伝文句を掲げ、専用ブースも設置した。

中国との競争、ロシアへの抑止といった米国の国家安全保障の土台は最新の技術抜きでは成り立たない。バイオテクノロジーや人工知能（AI）、衛星技術、核融合など急速に進展する技術は、世界の安保環境を激変させる可能性を持つ。

「CIAが今後数年で活用したいと考える技術は何か。技術そのものが競争や紛争の対象となりつつある」。CIAのデビッド・コーエン副長官は米メディアにCIAが技術分野に注力する理由をこう語った。22年には初めて最高技術責任者（CTO）も任命した。

技術の最新動向をとらえるだけでなく、人材の獲得が何より重要になる。複数の言語を操る人、サイバー分野の専門人材、テックに興味を持つ若者。ありとあらゆる「頭脳」との接点を増やす試みとしてSXSWへの参加を位置づけている。

CIAの広報担当者はSXSWを通じた人材獲得の実績については明らかにしなかった。CIAは技術分野で産官学のパートナーとの連携強化にも力を入れている。

2024年3月11日　日本経済新聞夕刊

- CIAがテック祭典にブースを設ける
- 世界の情報戦でテック人材を募集
- 情報機関が秘密のベールを捨て去る
- 複数の言語を操る人、サイバー分野の専門人材、テックに興味を持つ若者以上、スパイといった国家間における情報戦の話ではあったが、これは想像世界の話ではない。軍事産業、情報技術産業、そして私たちの身近な情報まですべてがつながっている。私たちはそんな世界にいるのだ。

記事で取り上げられている株とその関連株

- アステラス製薬（4503）
- 富士通（6702）
- カウリス（153A）

異常気象が当たり前となった世界でとらえるべき視点

もはや世界の気候がおかしくなってしまったことに疑いを持つ人はいないだろう。日本においても豪雨、洪水、猛暑、豪雪など日本各地に被害をおよぼしている。

地球温暖化が問題視されたのは１９７０年代で、１９８０年代に国際会議で盛んに議論され、1992年の国連総会において「気候変動枠組条約」が採択された。むろん、異常気象のすべてが地球温暖化によるものかは分からないが、人々の生活にも変化を強いられ、経済活動はこれに対処せざるを得なくなった。

地球の気候変動を投資の視点でとらえると、そこには大きなヒントが見て取れる。

Q12 次の記事から大きな変化が見て取れるが、何を示しているだろうか？

- ・カカオ豆46年ぶり高値（2023年10月16日）
- ・ワイン生産量最低　過去60年（2023年11月9日）
- ・果物卸値最高　昨年1～11月、6％高（2024年1月13日）
- ・「5円チョコ」は11円（2024年6月13日）
- ・オレンジジュース続く高値　5年で4倍、ブラジル大幅減産（2024年7月17日）

物価上昇は誰もが肌身に感じているだろう。世界的なインフレや戦争による物資の調達難での価格高騰が要因であるが、これらの記事は地球規模の話だ。

カカオ豆は46年ぶりに高値となった。この高値はロンドン市場の先物価格は前年比の約4倍と異例な高騰だ。日本でもチロルチョコ（非上場）の「5円チョコ」は倍以上の11円になるなど、菓子メーカーは値上げを余儀なくされている。

異常気象や病害発生による不作に加え、値上がり益を求めて資金を投じるヘッジファンドの動きも価格を押し上げたようだ。

異常気象はコーヒー豆も直撃し、気候変動の影響で世界のコーヒー豆産地が2050年には半減すると見られているのだ。

こうした気候変動はカカオ豆やコーヒー豆だけではない。ワインの生産量はぶどうの不作により60年ぶりに最低、果物卸値も最高、熱波の影響でオレンジも高値など、こうした気候変動による生産量の減少は、毎年どこかで必ず起こっている。

さらに2024年に入り、それまで続いていたエルニーニョ現象に続き、夏以降はラニーニャ現象へと移行した。

・夏のラニーニャ穀物直撃（2024年6月11日）

・パイナップル最高値　バナナ5年ぶり高値（2024年6月29日）

このラニーニャ現象は、エルニーニョ現象とは逆に南米ペルー沖の海面水温が低くなるのだが、これにより主要食糧である穀物にも影響があると懸念されている。米国やアルゼンチンのトウモロコシ・大豆、カナダやオーストラリアの小麦、アフリカのトウモロコシ・小麦などだ。こうした国々が輸出制限をすれば、世界の食糧事情にも影響を与え、ひいては経済にも打撃となってくる。

日本付近では気温が高くなる傾向があるが、これは２０２４年の夏に猛暑日を更新した通りだ。パイナップルやバナナは、フィリピンで日焼け被害により高値となった。熱帯地帯であるフィリピンで日焼け被害というのだから異常とも言えよう。

しかし、この地球規模の気候変動は食糧という範囲を超えてしまった。２０２４年6月24日の記事では「メッカ酷暑巡礼、死者１３００人」と、気温50度を超える酷暑の中で多数の死者が出るまでに至っている。すでに地球全体が異常気象に見舞われている大変化を表した記事である。

こうした大変化はさまざまな日経新聞の記事からもうかがえる。

『プロも見逃す! 10倍成長する株を探す「日経新聞」読み解き術』

購入者限定無料プレゼント

※ここでしか手に入らない貴重な情報です。

▼

著者・渡部清二による

『トランプ政権とディープステート』

音声ファイル

日本経済、そして世界経済の行方は、
どうなってしまうのか?
本書では書けなかったウラ話を
特別音声でお届けします!

無料プレゼントを入手するには下記へアクセスしてください。

▼

https://frstp.jp/10xkabu

※無料プレゼントはWeb上で公開するものであり、小冊子、CD、DVDなどをお送りするものではありません。
※上記無料プレゼントのご提供は予告なく終了となる場合がございます。あらかじめご了承ください。

・熱波・水害 世界で猛威　経済損失「2029年までに420兆円」（2023年7月12日）
・「数千年ぶり」猛暑か　7月NASAが可能性示唆（2023年7月21日）
・地球「12万年ぶり」の暑さ（2023年7月31日）

地球温暖化はEVの脱炭素化でも触れたが、すでに食糧生産に大きな打撃を与えている。驚くべきことは**「12万年ぶり」という人類史上初の危機に直面している**ということだ。こうなると脱炭素どころの問題ではなくなってくる。

そもそも12万年前と言えば氷河期に当たるのだが、記事によれば地球はおよそ10万年の周期で温暖化と寒冷化を繰り返しており、12万5000年前は2つの氷河期に間の間氷期で、直近で地球が最も温暖になった時期という。そこにCO_2の温暖化ガスの濃度が高い状況であれば、異常気象になるのは自明の理だ。

問いにおける記事は、個々の作物に気候変動による被害が直接的に打撃を与えた結果である。カカオ豆は主産地であるコートジボワールで洪水が発生した影響であるし、ワインはイタリアやスペインといった主要生産国が干ばつに見舞われた影響である。果物の被害は猛暑による少雨が原因だ。

記事５　温室効果ガスだけではない地球の温暖化

地球「12万年ぶり暑さ」

7月平均気温、温暖化に警鐘

古気候学者

南極で採取された氷床コアサンプルに基づいた気候モデル

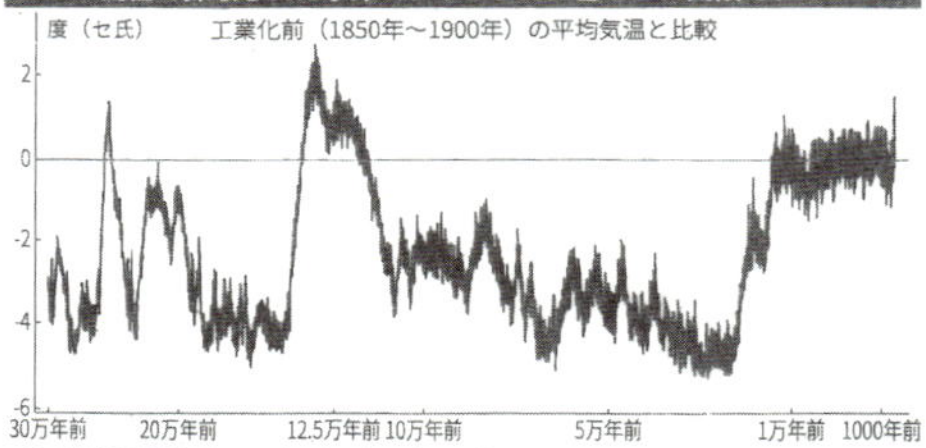

（出所）欧州南極氷床コアプロジェクト（EPICA）

【ワシントン=赤木俊介】世界気象機関（ＷＭＯ）と欧州連合（ＥＵ）の気象情報機関「コペルニクス気候変動サービス」は、２０２３年７月の世界の平均気温が観測史上で最高となる見通しだと発表した。観測記録のない太古の気候を探る研究者は「地球の平均気温はおよそ12万年ぶりの最高気温を記録した」と温暖化の進行に警鐘を鳴らす。

米1.5億人に高温警報

数十万年前の地球の気候を研究するのが古気候学だ。米地質調査所（ＵＳＧＳ）によると、地層や岩、年輪、サンゴ、アイスコア（氷床のサンプル）に保存される地質学的、生物学的な情報を分析し、過去の気候を推察する。

例えばアイスコアの場合、古気候学者は数千年以上かけて何層にも積み重なった氷や雪の層を採取し、中に含まれる気泡やちりを解析する。気泡にははるか昔の大気サンプルが保存されており、地球の平均気温と比例する二酸化炭素（ＣＯ²）など温暖化ガスの濃度や当時の雨量までわかる。

こうしたデータに基づいた気候モデルを作成し、遠い過去の地球の気候を再現する。

米シラキュース大学で古気候学と古生態学を研究するリンダ・アイバニ教授は「地球は過去80万年間、およそ10万年の周期で温暖化と寒冷化を繰り返してきた」と話す。12万5０００年前、地球は2つの氷河期の間に位置する間氷期と呼ばれる状態にあり、「直近で地球が最も温暖となった時期だ」という。

局所的な異常気象や猛暑日を古気候のモデルと一概に比較することは難しい。ただ、観測を続ければ長期的な傾向がわかる。アイバニ

10年間の年間

毎年のように

更新した」と

違いなく12万

ぶりの暑さだ

る。

間氷期は「

とも呼ばれる。

床サンプルに

候モデルを見

ム紀の平均気

前（１８５０

年）と比べ、

～2・0度ほ

ことがわかる。

気候モデルに

今年6月に世

温が工業化前

を1・5度以

た。

米西部アリ

ニックスでは

り、セ氏42度

日が10日以上

2023年7月31日　日本経済新聞夕刊

- 地球「12万年ぶり暑さ」で「～ぶり」のキーワード
- 地球は10万年の周期で温暖化と寒冷化をくり返す
- 12万5000年前、間氷期「直近で地球が最も温暖となった時期」

そうなってくると、私たちの身近な生活に関係してくる重大な問題となってくる。カカオ豆高騰はチョコレートの値上げにつながってくるし、果物に限らず様々な食料品が高騰するだろう。

東京新聞の記事であるが、この出来事は多くの人の記憶にあるかもしれない。

・ケーキ破損807個確認　高島屋「原因特定は不可能」（東京新聞、2023年12月28日）

これは高島屋がオンラインで販売した3割に当たるクリスマスケーキがほぼぐちゃぐちゃになって届けられたというもので、SNSでも炎上した。実はこれも温暖化が原因である。

高島屋は「原因特定は不可能」として調査を打ち切ってしまったが、前年と大きく違う点があった。それはイチゴの入荷が遅れたため、ケーキの凍結時間が前年の2週間から20～25時間と短くなったことだ。

つまり、イチゴの入荷の遅れが原因だったと言えるのだが、その遅れの原因は猛暑により出荷量が減り、見栄えの良いイチゴを確保するのに時間を要したことだ。

絶対とまでは言わないが、やはりイチゴのショートケーキをクリスマスケーキとして販売したかった高島屋の誤算と言わざるを得ない。この出来事は、まさに異常気象を物語る身近な話だろう。

では、こうした現象からマーケットをどう考えるか。まず念頭に置きたいのは、例えば世界で干ばつになれば作物が採れなくなり、インフレが加速するかもしれないということだ。そして、結果的に食糧問題で、世界に比べれば物価が安い日本もいずれ、**農業政策が変化する**ということだ。

その一例としてヒントとなる記事がある。

・コーヒー豆の産地半減「2050年問題」日本企業がサポート（2024年3月19日）

コーヒー栽培に適しているのは北緯25度〜南緯25度の標高の高い地域で、「コーヒーベルト」と呼ばれている。しかし、気温上昇によりさらに標高の高い地域に栽培が絞られ生産が半減する。これが「コーヒーの2050年問題」と言われている。

コーヒー農園の従事者は零細農家が大半であり、不安定な収入や人手不足などにより離農する人たちが増えている。また、化学肥料によるコスト高に加え土壌汚染も拍車をかけている。こうした問題に、伊藤忠商事（８００１）が効率的な農園経営に肥料の撒《ま》き方など生産効率を高める方法を指導する。さらに、土壌改善や品質改良などの支援に味の素（２８０２）が乗り出している。

そもそも欧米的な発想は、作物が採れなくなると強制的に化学肥料を撒《ま》けばいいという考え方で、いわゆるガチョウに大量に餌《えさ》を食べさせてフォアグラを作るのと同じだ。しかし、植物に対してもこの発想でやってきたために、これ以上ストレスをかけられないところまできている。

そこで出てくるのが土壌改良で、味の素による有機質肥料の導入である。味の素はうま味調味料の生成過程で生まれる副産物を利用したアミノ酸由来の肥料があり、それをブラジルやベトナムの農園に導入を進めているのだ。

近年、農業技術において**「バイオスティミュラント」**という言葉がキーワードになっている。これは植物へのストレスを制御することにより気候や土壌ダメージを軽減する新しい技術で、簡単に言えば、植物にとって一番心地いい土の環境を作り出すという考え方から生まれた技術である。たとえば、植物にとっての環境は土壌にいる微生物などの菌を繁殖させるような素材をバイオスティミュラント資材という。

取り組みは紙上では表立って出てはいないが、こうした話題は**「潜在テーマ」**といって、気候変動という環境問題は投資家にとって着目されるテーマの1つと言っていい。

日本ではバイオテクノロジーが強いが、バイオスティミュラント企業には中小の肥料メーカーも出てきている。いずれにしても、これから様々な農作物が採れなくなるという本質的な話になれば、日本が強いということになってくる可能性は高い。

今後、日経記事に土壌改善、水質改善といった「改善」というキーワードが頻繁に出てくるようであれば注視していただきたい。

記事で取り上げられている株とその関連株

- **伊藤忠商事**（8001）
- **味の素**（2802）
- **住友化学**（4005）
- **OATアグリオ**（4979）

人は常に新しいものに飛びつく生き物である

新製品や新サービスというものは、当然のごとく目に飛び込んでくる事象だ。こういった記事が掲載されれば株価は必然的に値上がりするだろう。しかし、それは本当だろうか。

株価というものはあくまでも期待値にすぎない。とくに新製品や新サービスといった新しいものへの期待が大きいのは、人間の心理にとって当たり前のことだ。裏を返せば、期待で膨れ上がった株を高値でつかまされることもあることも念頭に置かなければならないということだ。

新聞紙上には、「新」という言葉が行き交う。それをどう判断するかも投資にとって大切なスキルだ。

Q13 2つの新製品、新サービスの登場をどう判断すればいいだろうか？

・エーザイ、米国でアルツハイマー新薬承認（2022年1月7日）

・メタ、新SNS「スレッズ」開始〈5日で登録1億人〉（2023年7月10日）

2つの記事は「新」という言葉が入っている通り、新製品、新サービスを謳っている。これは新しいマーケットができるかどうかを判断するのに重要なキーワードだ。

ただし、こうした記事が出たからと言って、それが今後のマーケットを形成するかどうかは未知数だ。エーザイ（4523）の新薬承認はこの発表時点での株価は終値6497円だったが、6月7日には5109円まで下落している。

その後、アルツハイマー新薬がアメリカ食品医薬品局（FDA）によって承認され、米退役軍人に保険適用されたことにより株価は一気に1万1000円台に跳ね上がったが、2024年4-6月期は5000円後半から7000円あたりを推移している。

株価の動きを見る限り、新しいことが好材料になるかどうかの判断は難しい。ここで必要なのは、基本的に新しいものは、**今あるものの代替になるかという発想でストーリーを描けるかどうか**が大事だ。

分かりやすい例は液晶テレビだ。新型テレビが発売された当時、それまでのブラウン管テレビから薄型液晶テレビへと世の中が変わった。つまり、必ずしも全体が増えなくても、ブラウン管がすべて液晶に置き換わった。

このように、世の中が大きく置き換わるものを「新」というキーワードから描けるかどうか。メタの記事で考えてみよう。

メタはフェイスブック創業者であるマーク・ザッカーバーグの企業で、インスタグラムも運営している。ここに「スレッズ」というテキスト中心の新SNSが2023年7月に登場した。開始後5日で登録者は1億人を突破する勢いを見せた。

ツイッターはイーロン・マスク氏が買収し、X（エックス）と改名されたが、これに対抗するものとしてのスレッズは、ツイッターの3・6倍の500文字まで投稿が可能となった。というのも、Xは米国利用者の支持を得られていないという現状がある。

2022年11月24日に、**『ツイッターは日本中心』マスク氏、社内会議で言及**」という記事があった。これによると、ツイッターユーザー数は米国が7690万人で首位であるものの、人口に占めるユーザーの割合は、日本は米国の2倍で5895万人いる。

つまり、ツイッター市場は日本のほか、ユーザー数の多いインド、インドネシア、ブラジルであり、マスク氏は市場を英語圏以外に求めることに言及している。

そうなれば、スレッズは米国にとってツイッターに置き換わるサービスになり得るのか。この視点で読み解くとき、テレビのような大きな変化は生まないだろう。それはその後の推移を見ても明白だ。

２０２３年11月時点のデジタルコンテンツ視聴率によれば、ユーザー数は１位のＬＩＮＥが８１０６万人、２位のＸが６０６１万人なのに対し、スレッズは１０７１万人と遠く及ばない。

メタの２０２４年１-３月期の決算はインターネット広告が堅調で４期連続で増収増益であるが、１万人以上のリストラも行っている。また、ＡＩ開発の負担増で市場に嫌気が出ている。それを示すかのように、次のような記事が出た。

・米経営者、自社株売り増加　メタCEOやアマゾン創業者（2024年3月7日）

ザッカーバーグ氏は２０２３年11月から12月末までに約１２８万株、約６４２億円の自社株を売っており、２０２４年に入っても株価が上昇すると売却を繰り返している。これはメタ株が高くなりすぎたと見て売りを増やした可能性があり、メタ株相場が天井ではないかと、ザッカーバーグ自身がとらえていると見ることもできる。なぜなら自社の状況を一番理解しているのがＣＥＯであり、そのＣＥＯが株式を売却することで、市場は暗にメッセージを送っていると想像するからだ。

新ＳＮＳスレッズはツイッターユーザーが置き換わるほどの市場は作れていない。そう判断すれば、「新」という文字を見ても、すぐに飛びつけないことが優に判断ができるのではないだろうか。再度申し上げるが、世の中を変えるであろう、またはそれに置き換わるであろうストーリーを描くことが投資の頭を鍛えるために必要なのだ。

記事で取り上げられている株とその関連株

●エーザイ（４５２３）

「ＡＩが市場を制する」とは違う視点が新たな市場を生み出す

新商品や新サービスと違って、世の中を一変させる新技術はＡＩ（人工知能）であろう。ＡＩの進化により、将来なくなるであろう職業に多くの人は戦々恐々としているが、ＡＩは悪なのだろうか。

まさに人間の知能と人工の知能の争いであるが、すでにその線は越えている。であるならば、そのＡＩを人類がどのように活用していくかが大事な視点となる。世の中の動きをつぶさに見れば、この市場で誰が勝ち組になるのかが見えてくる。

Q14

ＡＩの世界について世の中はどう変わっていくだろうか？

・生成ＡＩ活用ルール議論　政府戦略会議が初会合（2023年5月12日）
・全米俳優43年ぶりストライキ（2023年7月13日）

これは見ての通りＡＩの話だ。このテーマでキーワードである「初」「〜年ぶり」が出たので注目すると、まず全米俳優ストライキが43年ぶりに行われた。実は、記事を読み進めていくと、脚本家と俳優の組合が同時にストを行っており、これは63年ぶりだ。

63年前の一斉ストはテレビが席巻した時代で、映画という彼らの仕事がテレビにとって代わられてしまうという危機感から待遇改善を求めている。とくに映画の二次使用における利用料をめぐり、当時映画俳優であった故ロナルド・レーガン大統領が交渉を主導している。それが今度はＡＩに変わり、同じようにストが行われたのである。

しかし、今回のストは意味が大きく違ってくる。

現在は動画配信がテレビに変わって台頭し、Ｖチューブ（ヴァーチャル・ユーチューブ）などのヴァーチャル動画を駆使すればエキストラなどはＡＩで十分ということになり、そのうち俳優自体がＡＩに変われば、おそらく実力のある俳優以外、映画製作にとって無用となるだろう。

つまり、**俳優という職業がなくなるかもしれないという危機感**だ。このＡＩによって、将来なくなる職業という議論が盛んにされているが、世の中が大きく変化する過渡期を象徴している。

日本も文明開化の時期に汽車が登場し、汽車と並走して馬車が敗れ去ったという話があるが、まさにそれで、馬車を曳《ひ》いていた人たちの職業は消えてしまった。このような時代を迎えていると言っていいのだ。

記事では、文章や映像を自動で作る生成ＡＩの人工音声が声優の仕事を奪うという危惧《きぐ》も指摘されているが、実際にＮＨＫのニュースではＡＩの音声によるものが放映されている。

こうした革新的な進歩には必ず新勢力と抵抗勢力がぶつかり、抵抗勢力は規制を求める。そして、そのためのルールが作られる。それが政府戦略会議で行われたＡＩの活用ルール議論につながっていく。

私はこうした議論については深い意味はないと考えている。というのも、この会合後の5月25日にChat GPTを開発したオープンＡＩのサム・アルトマン氏ＣＥＯが来日して次なるＡＩの姿を披瀝《ひれき》している。

氏によれば、これからのＡＩは「認証・健康・核融合」の世界に移行していくという。日本における初会合はそうした布石にすぎない。

米国では、オープンＡＩやグーグル等の企業とＡＩの安全性を確保するルールの導入で合意している。

・**米「ＡＩで作成」明示　合意　自主ルール、主要7社と**（2023年7月22日）
・**生成ＡＩ米が初規制　大統領令　公開前に安全性評価**（2023年10月31日）

米政府は7月にＡＩ関連法案の検討を進めており、まずは企業の自主規制から始めるといった動きにより、10月には大統領令が発令された。こういった動きに、そもそも私はＡＩについて騒ぎすぎだと思っている。というのは、ＡＩによって仕事がなくなるとか、なくならないとか、法規制をかけるかではなく、**ＡＩによって儲《もう》ける企業がどのように誕生するか**が大事だと思っているからだ。

これは2000年に騒がれたＩＴバブルの時と同じ状況だと思っている。当時、○○ドットコムといったＩＴ関連企業が雨後《うご》の筍《たけのこ》のごとく誕生したが、現在はほとんど消えてしまい、結局ＩＴを使ってうまく儲けたのは販売プラットフォームに置き換えたアマゾンだった。

だから、オープンAIのような技術を何かに置き換えて使う企業が現れるかどうかだ。

日本で言えば、たとえばPKSHA Technology(3993)というAIベンチャーがある。この会社の社長の上野山氏は、先ほどの政府戦略会議で座長を務める松尾豊東大大学院教授の研究室を出た人物で、おそらく日本のAI企業の第一号だ。

上野山氏がかつて株主総会で面白いことを言っていて、AIは古くからあるが、大量のデータからコンピュータが自動的に特徴的なデータを発見する技術である**「ディープラーニング（深層学習）」**は10年ほど前から世界同時に一斉にスタートしたが、その分野の技術では日本は遅れを取っていないというのだ。また、日本語のAIでは世界の競合に負けたことはない。それは日本語だから当たり前だというのだ。

世界で日本語ほど難しい言語はないだろう。例えば「雨」という表現も日本語には50種類以上の呼び名があり、ものの数え方などは外国人が日本語を勉強していて一番苦労するという。そう考えると、少し話が飛ぶかもしれないが、今のオーバーツーリズムの問題も日本のAIで解決できるかもしれない。

・日本観光「外国人目線を」交通インフラ改善期待（2024年2月9日）

この記事はシンガポールリゾート大手、バンヤングループが京都に旗艦ブランドを開業するに先駆けてのものだが、バンヤングループ会長は日本の観光業について交通インフラを指摘している。

例えば、外国人にとって新幹線のチケットの予約は、購入までの手続きが難しいという。昨今「みどりの窓口」も減少し、チケット販売機で買う機会が増えている。そうであれば、先ほどのＡＩ機能を生かして、さまざまな外国語に対する翻訳機能が強化できるはずだ。つまり、ＡＩの発展が日本の観光業を押し上げる可能性があるということだ。

翻訳という意味では、語学についても同じことが言えるだろう。

・生成ＡＩの衝撃と教育　英語学習の見直し不可避（2023年6月6日）

これは京都大学の全学英語カリキュラムの改正に携わった、同大学の金丸准教授の弁であるが、「英語が必要な場面ではＡＩによる要約や翻訳を活用すれば十分とする考え方も出てくるだろう。そうなると、これまで英語を学ぶために費やしていた時間を、ほかのことを学ぶ時間に回すことが可能になる」と発言している通り、日本人がネックとしていた英語学習そのものも変わってくる。

また、ＡＩを介した言語コミュニケーションも英語だけではなく多言語についても可能になるだろう。これからも外国人が日本に押し寄せる流れが続くのであれば、観光インフラも彼らとのコミュニケーションも可能になる社会がもたらされると言ってもいい。

例えば、私が想像する未来は、外国人と日本人が酒席で楽しく杯を掲げる姿だ。日本酒の「大吟醸」など外国人にとって読めないが、そこにわざわざ英語表記をしなくても、ＡＩがそれを読み取り、意味まで付くようになればコミュニケーションの障壁もなくなると思っている。

このように、開発されていくＡＩの過程において、それをうまく活用する企業が、その先もうまく残っていく。今のところは観光立国を目指す日本が、これをどう活用していくかにかかっているのではないだろうか。

記事で取り上げられている株とその関連株

● PKSHA Technology（3993）

世の中のあり方を変えるものに注目し、その先の社会の姿を想像する

様々な用途で使用が期待されるドローン（無人飛行機）。もともとは軍事用として開発され、産業用として認知されたのは2010年頃だ。このドローンが我々の生活ベースに入り込み、経済を変えていくのはそう時間はかからないだろう。

これからドローンはどういったところで使用されていくのか。規制が緩和されていく過程で、目線を未来に向けることは投資の鉄則と言えるかもしれない。

Q15 この改正はどんな意味を持つだろうか？

・改正航空法施行、ドローン「レベル4」（2022年12月5日）

まず注目したいのは、航空法が改正となったことだ。「改」というキーワードを見つけたら、世の中の転換点と言える。

では、何が改正になったかであるが、見出しの通り「ドローン」の使用範囲が広がったこと、つまり法規制が緩和されたという内容である。

レベル4というのは、民間の専門家によって2015年に作られたもので、レベル1は目視しながら手動操作による空撮レベル、レベル2はアプリなどによって自動操縦できるレベルで、農薬散布などが可能になる。レベル3は目視外飛行ができるレベルで、これにより離島や山間部への飛行が可能になり、災害時などに実際利用されている。

今回は、そのレベル3から引き上げられたもので、**都内や住宅地など地上に人がいる場所での飛行が可能**になった。

つまり、資格さえあれば誰もがどこでも自由にドローンを使えるわけだ。まだ、都内を飛ぶことはなく実証実験の段階で、いずれは過疎地など人口の少ない地域から実用化される。またレベル引き上げに伴い、これまでの操縦資格から国家資格へと変わったため誰もがというのは言い過ぎかもしれないが、将来的には物流の世界が変わっていくと言っていいだろう。

これが大きな転換点になる。もし人口の多い都市部でドローンを使用する場合、UTM(UAS Traffic Management)という運行管理システムが課題となるが、問題なく整備されていくことになるだろう。これは**空の産業革命**と言っていい。

まずは宅配業者の日本郵政（６１７８）とヤマトホールディングス（９０６４）はいち早くドローン宅配を取り入れると思われる。ドローンが普及していけばバイク便やウーバーなどの配達サービスは間違いなくなっていく。それが10年後くらいなのか、少なくともドローン宅配が当たり前の世界に変容を遂げる。それが産業革命だからだ。

もしかしたら、消防の世界すら変わるかもしれない。救急車が右に曲がります、左に曲がりますというような時代から、ドローンによる急速な消火活動が当たり前となってもおかしくはない。まずは宅配業という業界が変わるだろうが、その先の未来を思い描けば、新しいマーケットが見えてくるかもしれない。

記事で取り上げられている株とその関連株

- **日本郵政**（6178）
- **ヤマトホールディングス**（9064）

キーワードから自分なりの「投資テーマ」を考える

社会というものは世論によっても変化する。こうした国民感情は一気に盛り上がりを見せることもあり、身近なものとしてとらえやすい。

それは新聞紙上やメディア、SNSなどからも感じ取ることができる。そうした世の中の流れは、いずれ経済活動にも変化をもたらす。そこで、新聞の見出しのキーワードからそこに関連する「投資テーマ」が浮かび上がってくる。その投資テーマから具体的な銘柄を探っていくのも、投資の1つのとらえ方と言える。

Q16 次の記事から読み取れる投資テーマは何だろうか？

・**こども家庭庁発足**（2023年4月1日）
・**第二次岸田再改造内閣発足、上川氏19年ぶり女性外相**（2023年9月13日）

この2つの記事から**「子ども、働き方、女性」**の3つが浮かび上がってくる。こども家庭庁の主な取り組みはむろん子どもの虐待やいじめ、子どもの健全な育成や権利といったものが中心となるが、その背景には子育て支援があり、貧困家庭、母子家庭、不登校など、現代社会が抱える様々な問題がある。

これまでは厚生労働省や文部科学省など縦割り行政の弊害があったが、内閣府の外局に1本化したことで、先ほどの3つの課題「子ども、働き方、女性」に取り組むことができるようになった。子育て支援には男性の育休制度を設けているが、依然として女性の負担が大きく抜本的な解決にはほど遠い。

子育てに関して男性は改革の過渡期にあり、共働きが当たり前の世の中で、多くの女性が働きながら子育てをしなければならない問題が大きく、女性の地位が向上しないかぎり3つの課題は解決できないだろう。

男女平等社会に関しては、日本はまだまだ後進国である。ジェンダー格差を表すジェンダーギャップ指数を世界経済フォーラムが毎年発表しているが、2024年は146カ国中118位であり、これに関しては後進国の位置付けである。

指数には、女性が社会でどれだけ活躍しているかという基準もあり、上位を占める北欧の国では、議員の半数は女性だ。そういった意味では上川陽子氏が「19年ぶり」に外務大臣に就任したことは、世の中の動きを象徴していると言える。

とはいえ、先ほども述べたが男女平等社会には日本はまだまだ遅れている。それを象徴しているのが世界の動きだ。

・メキシコ、左派政権継続　初の女性大統領誕生へ（2024年6月4日）

カトリック教徒が多数を占めるメキシコで、ユダヤ系のクラウディア・シェインバウム氏が初の女性大統領になった。彼女は前メキシコシティ市長で前ロペスオブラドール大統領の後継となる中道左派である。

メキシコは通商・移民問題など対米関係の舵取《かじと》りが難題とされているが、彼女が「米国との連携はするが従属はしない。決して頭《こうべ》を垂れることはない」と発言している通り、前政権の路線を引き継ぐものの、その親しみやすさからメキシコ国民の期待を担う存在となっている。

すでに世界では数多くの女性の大統領や首相が誕生しているが、残念ながら日本では女性総理大臣は誕生していない。この本は２０２４年７月までの記事を採用しているので触れないが、自民党総裁選では上川陽子氏と高市早苗氏が立候補した。結果はご存じの通り石破茂氏となったが、高市氏が決選投票まで残ったのは図らずしも前進といったところであろうか。

ただ、高市氏に関しては初の女性首相という部分はほとんど打ち出しておらず、この項の「子ども、働き方、女性」のテーマからはほど遠い。ここに関しては、本書第2弾があれば世の中の変化として読み解き提言できることを願っている。

さて、世界の動きは女性ということであるが、こうした流れは意外や意図しない形で世論は盛り上がっていくものだ。例えば2024年には、NHKの大河ドラマ『光る君へ』は世界最古の小説とされる『源氏物語』を書いた紫式部を取り上げ、朝の連続テレビ小説は日本初の女性弁護士の姿を描いた『虎に翼』である。

『虎に翼』は弁護士であるが、検事の世界でも女性初が誕生した。

・検察トップ、戦後33代目、初の女性（2024年6月28日）

法務省は検事総長に東京高検検事長の畝本《うねもと》直美氏をあてる人事を発表した。畝本氏は2021年に女性初の検事長として広島高検検事長に着任し、2023年からはこれも女性初である検察ナンバー2の東京高検検事長を務め、自民党派閥の政治資金規正法違反事件などを指揮した人物だ。

こうした実例が数多く起こってくれれば、世論の盛り上がりからマーケットにも変化が生じてくる。

では、女性マーケットとはどういったものか。食、健康、美容、教育、旅行などが考えられるだろう。マーケット自体が変われば経済そのものに変化を促すものだ。ウォンテッドリー（３９９１）やビザスク（４４９０）などの女性社長の会社や、女性マーケティングに強い企業などを見直すのも投資のヒントとなるはずだ。

本当の意味での〝女性時代の幕開け〟は、世界の流れから確実にやってくる。そのときは、日経新聞においても「初」ではなく紙面を賑《にぎ》わせることだろう。

記事で取り上げられている株とその関連株

●ウォンテッドリー（3991）　●ビザスク（4490）

デフレ脳からインフレ脳へ。東証の改善要求から時代の先を読む

投資には様々な指標があるが、新聞紙上においては時価総額や自己資本比率など比較的理解しやすい指標が登場する。ただ、指標は多くの角度から表されるため注意が必要だ。言い換えれば、表面的な数字にとらわれてはならないということだ。

というのも、株価はすべてマーケット規模に影響されるものであり、そうした規模を知っておく感覚を磨くことが大事だからだ。これに関しては拙著『日経新聞マジ読み投資術』に詳述している。

以下の記事は、株式指標の1つ「PBR（Price Bookvalue Ratio）」に関するものだ。

Q 17

株式指標の1つ、PBRからこれからの時代がどうなっていくか読み解けるだろうか?

・東京証券取引所、PBR1倍割れ、改善策要求（2023年3月31日）

・レーザーテク、PBR首位（2024年3月5日）

ＰＢＲは株価純資産倍率、株価と純資産（ＢＰＳ＝Book-value Per Share）の比率を指す指標だ。１株あたりの純資産の掛け算で、何倍で買われているかによって株価が出るといった試算である。１株あたりの純資産というのは解散価値であり、つまり、ＰＢＲ１倍割れは株価が解散価値を下回っているということで、指標上では割安株となる。

例えば、ＰＢＲ１倍割れで株を買うということは、その解散価値より下の水準で買うことになるが、仮にその会社が解散してしまっても、理屈的にはＰＢＲ１倍の水準の金額が戻ってくるという計算だ。

この記事におけるキーワードは「改」であるが、東証が改善要求をしたのは、こうした解散価値を下回る企業の株価水準を上げ、相場全体の底上げを図ったものである。というのも、東証２市場でＰＢＲが１倍未満の日本企業は全体の５割強１８００社にのぼる。米国や欧州では約２割ほどであり、それゆえに市場価値を高めたいとの狙いがあった。

東証の改善要求は世界でもめずらしく、開示に関しては「できるだけ速やかに」と要請したため、企業も自社株買いや増配などの株主還元で、自社の株価を上げることを目標に動き出している。

こうした東証の流れの背景に、自社の強みやグループ全体の企業価値向上策としての動きも顕著だ。

・親子上場、ピーク比半減　30年ぶり200社割れ（2024年7月24日）

これは経済産業省が2019年から上場子会社の意思決定の独立性を確保するよう要求してきたことであるが、東証も2023年12月、上場子会社を抱える合理性や少数株主保護について開示するよう要請している。

親子上場とは、親会社と子会社が上場している状態であるが、事業形態の違う子会社から親会社は資金調達が容易になるため、収益性の不透明さが投資家たちに懸念される材料であった。その親子上場を解消することにより海外投資家からは一定の評価をされている。実際に紙面上においても著名な海外投資家たちが日本株比率を上げており、日本のこうした取り組みに評価を与えているのが散見される。

こうしたことからも、日本の株式市場が正常なマーケットになっていくことがうかがえるのだ。

さて、話をＰＢＲに戻すが、ＰＢＲというのは資産価値に対する期待値であって、資産価値が増えるのならその水準は上がり、逆に資産価値が減るのなら、その水準は下がることになる。例えば現資産価値が１００で、来年には80になり、再来年には60になるとすれば、それを先読みしてＰＢＲは１から０・８、０・６になっていくという考え方だ。

実は、これこそが**〝デフレ脳〟**なのである。モノの値段が下がるといった長年染みついてしまった脳になってしまっている日本人は、先行きを読む際もマイナスにディスカウントしてしまうのだ。これからの時代は、１００の価値が１２０に、さらには１４０に変わっていくという考え方が必要になってくる。

日経平均株価はその後、34年ぶりに最高値を付けることになったが、相場がデフレからインフレに変わるタイミングでの東証の改善要請というのは、たまたまそうなっただけかもしれない。

しかし、ＰＢＲは確実に一変したと言っていい。それが「レーザーテク、ＰＢＲ首位」という記事だ。この記事には１９８９年12月29日と２０２４年３月４日のＰＢＲが高い順に掲載された表が掲載されているが、1989年は1位が京成電鉄（9009）の51・0倍、2位が片倉工業（3001）の39・0倍だ。これはバブル当時に土地の含み益を持っていた企業で、京成電鉄は鉄道と沿線の土地を所有し、片倉工業は元々は繊維企業で広大な工場跡地を持っていたことから、資産価値の期待値であるPBRが切り上がった事例だ。

いっぽう、2024年の1位はレーザーテック（6920）の31・5倍、2位がアドバンテスト（6857）の13・5倍、3位は東京エレクトロン（8035）の11・6倍と続く。

3社ともに半導体関連企業である。高い技術力が見えない資産価値として評価されていると思うが、ポイントとしてはそれでもバブル期の水準をまだまだ下回っていることだ。価値が上がるというのは、モノの価格が上がるということでもあり、この価格が上がることこそが「インフレ」という。

注目すべきは4位のオリエンタルランド（4661）の9・3倍だ。ディズニーランドの値上げをしても、さらに客足が伸びて最高益を出していることから、これはまさに、これからのインフレ銘柄を象徴すべき銘柄と言っていいだろう。

記事で取り上げられている株とその関連株

- 京成電鉄（9009）
- 片倉工業（3001）
- レーザーテック（6920）
- アドバンテスト（6857）
- 東京エレクトロン（8035）
- オリエンタルランド（4661）

日本経済が変わる。ついにマイナス金利が解除された意味

長らく日本に定着し続けたマイナス金利が解除された。これは日経平均株価が2024年2月22日、34年ぶりの最高値を付けた約1カ月後の出来事である。金利政策に関しては、2022年頃より新聞紙上に「転機・転換」という言葉が登場し、「脱」と言われるようになり、ついに解禁を迎えた。

このマイナス金利解除により、日本経済の未来はどのように変化していくのだろうか。

これまで見てきた様々なテーマを俯瞰しながら、あなた自身の投資観を描いてほしい。

Q18 金利の動向により日本の未来はどうなるだろうか？

・日銀、異次元緩和を転換　10年目で実質利上げ（2022年12月21日）
・利上げ、「終結宣言」なき休止　FRB、2会合連続据え置き（2023年11月3日）
・さらば「据え置き経済」　30年越しの転機、迫る（2023年11月28日）
・脱マイナス金利　日銀が地ならし（2023年11月29日）
・日銀、マイナス金利解除（2024年3月20日）

2022年12月21日にアベノミクスの象徴であった異次元緩和が10年目にして転換した。長期金利の上限が0・25％程度から0・5％程度となったのだ。

黒田前日銀総裁は任期10年の長きにわたる緩和を行ってきたが、この政策がデフレ脱却を果たしたいっぽうで、FRBが利上げに踏み切ったことにより過度な円安を引き起こした。同時に、ウクライナ危機による物価高で家計の負担が増加し、日銀への不満は高まった。

この2022年12月21日の前日には**「日銀国債保有、初の5割超」**という記事が掲載されている。日銀が金融緩和のために長期金利を抑え込んだ代償として無制限に買い付けた国債の保有率は、2020年の約10％から「初の」50％を超えた。

そして、黒田総裁は任期を終え、脱マイナス金利の地ならしに入っていく。緩和一辺倒だった金融政策が転換期に入り、解除すれば「17年ぶり」の利上げとなる。記事では2024年前半に解除を判断すると書かれており、それが2024年3月20日付のマイナス金利解除へとつながっていく。

これは日本経済にとって大きな転換期だ。世界はリーマンショック以降、コロナ禍への対応を含め緩和と引き締めを繰り返してきた。FRBが利上げを見送ったのは長期金利がすでに5％に達しており、物価高が落ち着くには経済成長や人手不足が和らぐ必要があると指摘している。

そうした変化の中で注目すべきは、**世界と日本の金融政策の方向が真逆である**ことだ。

記事6　日本経済は正常化へ

金融正常化へ一歩

日銀、マイナス金利解除

総裁「緩和環境は継続」

17年ぶり利上げ

日銀は19日の金融政策決定会合でマイナス金利政策（3面きょうのことば）を含む大規模緩和の解除を決めた。植田和男総裁は同日の記者会見で「賃金と物価の好循環の強まりが確認されてきた」と17年ぶりの利上げに踏み切った理由を説明した。「当面、緩和的な金融環境が継続すると考えている」とも述べ、追加の利上げを急がない考えも示唆した。

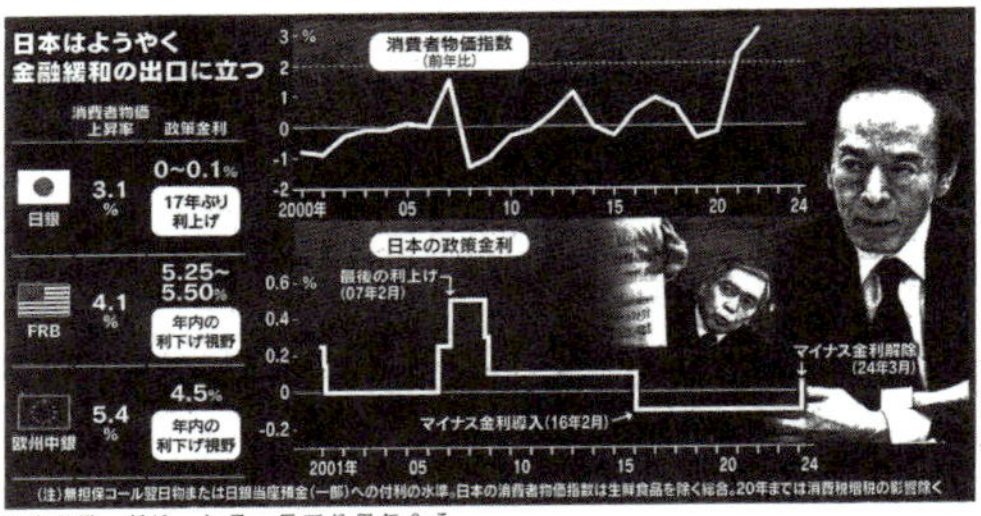

長短操作も撤廃

2007年2月の利上げを最後に一貫して緩和を続けてきた日銀の金融政策は正常化へ一歩、踏み出すことになる。

日銀はマイナス金利の解除と同時に長短金利操作（イールドカーブ・コントロール、YCC）の撤廃と上場投資信託（ETF）などリスク資産の新規買い入れの終了も決めた。マイナス0・1%だった政策金利は0〜0・1%に引き上げた。日銀がマイナス金利を解除したことで、マイナス金利政策を採用する中央銀行は世界から消えた。

日銀は1%を長期金利の上限のめどとしていたが、撤廃後は金利変動を市場に委ねる。これまでと同程度の国債買い入れは継続し、金利急騰時は買い入れ額を機動的に増やす。

植田総裁は会見で、賃金と物価の好循環が確認できたことで「2%の物価安定の目標が持続的・安定的に実現していくことが見通せる状況に至ったと判断した」と説明。「大規模な金融緩和政策はその役割を果たした」とも指摘した。

今回の政策変更を受けて「預金金利や貸出金利が大幅に上昇するとはみていない」との認識を表明。今後の金融政策については「普通の短期金利を政策手段にしている他の中央銀行と同じように設定していくことになる」と語った。今後の利上げペースに関して「手元にある見通しを前提にすると、急激な上昇というのは避けられるとみている」と話した。

今後、「物価見通しがはっきり上振れる、もしくは中心見通しははっきり動かないまでも上振れリスクが高まる」ときに利上げを検討することになるとの見通しを示した。

日銀は黒田東彦前総裁時代の16年2月、デフレ脱却や円高の是正を狙ってマイナス金利政策を導入した。植田総裁は「（過去の異次元緩和の）遺産は当面残り続ける」と指摘。今後、異次元緩和で膨らんだ日銀のバランスシートの縮小を視野に入れていくとしつつ、具体的な時期は「申し上げられる段階ではない」と述べるにとどめた。

連合が15日発表した24年の春季労使交渉の第1回集計結果では、基本給を底上げするベースアップ（ベア）と定期昇給（定昇）を合わせた賃上げ率が平均5・28%となり、1991年以来33年ぶりに5%を超えた。植田総裁は第1回集計結果について「実際の判断の大きな材料にした」と明かし、企業の賃上げが政策変更を決める決定打になったと説明した。

今回の決定で「長短金利操作付き量的・質的金融緩和」の枠組みは終了し、物価2%を安定的に超えるまでマネタリーベース（資金供給量）の拡大方針を続ける「オーバーシュート型コミットメント」の廃止も決まった。

異次元の金融緩和を掲げた黒田前総裁が退任し、植田総裁が就任したのは23年4月。学者出身の植田総裁に白羽の矢が立ったのは、10年超にわたる大規模緩和の手じまいを期待されたからだ。植田氏は1年足らずで、金融政策を正常化への入り口までもってきたことになる。

13年に始まった大規模緩和は事実上終了し、金融政策は正常化に向けて新たな段階に入った。

世界の中央銀行は08年のリーマン・ショック以降、新型コロナウイルス禍への対応を含め金融緩和と引き締めを繰り返してきた。一貫して緩和を続けてきた日銀が正常化に向かうことで、世界の金融政策にとっても転換となる。

強い経済へモード転換

「利上げは時期尚早」という声はほとんどなかった。2000年のゼロ金利解除、06年の量的緩和解除時は、政財界から大きな反発の声があがり、日銀は孤立の中で決断を下した。今回は「金融政策を早く正常化すべきだ」（十倉雅和・経団連会長）と経済界から後押しすらあった。

異論が出ない理由の一つは、日本経済の見た目の変化だ。

23年通年のインフレ率（生鮮食品を除く総合）は前年比3・1%と、41年ぶりの高い伸びとなった。00年はマイナス0・4%、06年はプラス0・1%にすぎなかった。賃上げ率も大きく改善し、24年交渉は33年ぶりの5%台でスタートした。上場企業の業績は3期連続で最高益となりそうで、日経平均株価も2月に史上最高値をつけた。

もっとも、利上げ反対論が出ない最大の理由は「金利なき世界」の弊害に気づいたことだろう。

異次元緩和を開始した13年以降、本業の利益では借金の利払いができない「ゾンビ企業」が約25万社と2割も増えた。金利がゼロなら不採算事業も生き残る。産業の新陳代謝が遅れて、日本経済の潜在成長率は0%台半ばと低迷する。

物価上昇も企業業績の改善も超円安が一因で、日本が国際競争力を取り戻したわけではない。「安いニッポン」とまで言われるようになり、エネルギーや食料の調達にも苦心する。

金利の復活は、日本経済に待望の構造改革をもたらす可能性がある。不採算事業の閉鎖といった痛みを伴うものの、企業が労働力や投資マネーを成長分野に再配分する契機となるからだ。日本企業の24年度の設備投資見通しは、前年度比2〜3%増と潜在成長率を大きく上回る。転職希望者も23年に初めて1000万人を超え、労働力の横の移動も進む。

パンドラの箱を開けるリスクもある。この10年間で国債発行残高は4割強増えて1000兆円を超えた。家計をみても住宅ローン残高は215兆円（22年度）とバブル期の2倍もある。日銀が緩和環境を当面維持するというのはそのためだろう。

バブル崩壊後、日本経済の課題は需要不足をどう埋めるかだった。本来は不況対策である金融緩和を異例の長さで続けてきた理由はそれだ。

今では最大の懸念材料は人手不足となりつつある。日本の経済政策論議は金融緩和に依存して思考停止状態だった。政策のモードを再転換して、供給力と競争力をともに高める新たな方策を描くときである。

（金融部長　河浪武史）

2023年3月20日　日本経済新聞朝刊

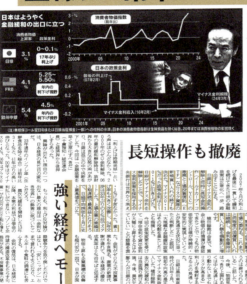

実際に世界を見てみれば、利下げが始まっている。

・スウェーデン中銀利下げ、8年ぶり（2024年5月8日）
・カナダ中銀利下げ、4年3カ月ぶり、G7で利下げは初（2024年6月5日）
・ECB利下げ、4年9カ月ぶり（2024年6月6日）
・米FBR、8会合連続金利据え置き（2024年7月31日）

スタートはスウェーデンの2024年5月8日で、政策金利は4％から0・25ポイント下げの3・75％とした。それを皮切りに5月から7月の2カ月間で、G7のカナダやECB（欧州中央銀行）が利下げをしている。しかし、これは始まりにすぎず、スウェーデンもカナダも段階的に利下げを敢行しているのだ。これは**完全に世界は利下げに向かっていく**ことを示している。

FBRにいたっては、2023年11月3日の金利据え置き記事から、8カ月近く据え置きのままだったが、9月18日、4年半ぶりの利下げが敢行された

いっぽうの日本であるが、これとはまったく逆の方向に向かっていることが分かる。

・日銀政策決定会合、国債減額、量的引き締めに転換（2024年6月14日）
・日銀、0・25％利上げ、量的引き締めも開始（2024年7月31日）

世界が利下げや量的緩和に踏み切る中、日本は利上げをして量的引き締めも開始したのだ。これは何を意味するかということだ。

つまり、**「脱マイナス金利からの利上げ」と本格的な「脱デフレ」がセット**となり、日本だけがまさに真逆の経済サイクルに入ったということなのだ。日経新聞が「日銀、異次元緩和を転換」という記事のあとで、このことを端的に表したのが**『さらば『据え置き経済』30年越しの転換、迫る」**（2023年11月28日）という記事である。

「30年越し」という長期デフレ社会で、失われた30年を歩んだ日本はヒト・モノ・カネが停滞し苦しい生活を余儀なくされてきた。こうした据え置き前提の意識から脱却し、企業が商品の値上げに踏み切ることにより賃金も上がっていく。

・賃金、頭打ちの30年に転機　利益、内部留保から従業員還元へ（2024年3月14日）

これは春季労使の賃金交渉で、大手企業が歴史的な高水準を出したことによる記事であるが、例えば、日本製鉄（５４０１）はこれまで最大だった１９７４年を上回る、実に50年ぶりとのことで、ホンダ（７２６７）は会社側が確認できる１９８９年以降で過去最大の賃上げ額だ。

この間、世界では米国は27％、イギリスは20％、ドイツは15％賃金が上昇しているのにもかかわらず、日本がついに賃上げの時代に入ったということは、日本に大きな転機が訪れたということだ。

日本だけが世界と比べ、金融政策の向きが変わっている。つまり、これまでの国民の生活も変わるということにほかならない。

むろん、様々な問題も残っている。賃上げに関してはあくまで大手企業の回答であり、中小企業の賃上げ余力は低い。また、マイナス金利が解除されて国債が暴落するのではないか、まだまだ円安が加速するのではないかという不安も拭《ぬぐ》えない。

実体経済で言えば住宅ローンで、国民の住宅ローン残高は２２０兆円を超えバブル期の2倍もある。植田日銀総裁は「緩和環境は継続」としていることから、強力な引き締めではなく段階的なものになるだろう。

では、こうした転機に投資的観点から言えることはあるだろうか。

私は対処は必要ではないと考えていて、それよりも**日本が正常になった**ということに着目している。日本はこれまでが正常ではなかっただけで、マイナス金利解除は正常化への一歩だと思っている。

金融というのは、差がないと動かないものだ。ゼロ金利ということは、例えて言えば水が凪《なぎ》の状態で動いていないということであって、それがいったん傾くと一気に水が動き出す。金融とはそういうものだ。

ということは、金利というのはダムの高さのようなもので、高くなればなるほどその量は大きくなる。つまり、大量のお金が動いていくということで、お金が回れば景気が良くなっていくということなのだ。

為替は政治で決まり、その方向性から金融政策が決まる。とすれば、米国の政策で円高に振れれば、円高にするために日本は金利を上げるという動きが読めてくる。つまり、マイナスがプラスに転じていくという流れになっていく。

これは、投資のうえでは大きなストーリー転換であって、これまでの発想を変えなければばいけないということだ。1998年6月3日の日経新聞で低金利の歴史を伝えている記事で、そこには**「1619年のジェノバの低金利の記録を日本の低金利が約400年ぶりに抜いた」**というものがあった。日本の低金利は世界初の出来事であり、この年がまさにデフレ元年で、そこから続いたデフレをいよいよ脱却する「脱デフレ元年」と言えるのだ。だから、記事では「17年ぶり」と言っているが、実は30年近い変化と言っていい大きな転機だととらえるべきなのだ。

当時、多くの人はデフレという意味が分からなかった。しかし、私は**「デフレ銘柄」**というものをいち早く考えていた。デフレ下では、値段を大きく下げて、客数を大幅に増加させることで売上高を拡大する。

そこで登場したのがドン・キホーテ（パン・パシフィック・インターナショナルHD：7532）のようなディスカウントストアだ。飲食では、すき家（ゼンショーHD：7550）やサイゼリヤ（7581）、カジュアル衣料のユニクロ（ファーストリテイリング：9983）、家具・インテリア販売のニトリ（ニトリHD：9843）、家電量販店のヤマダ電機（ヤマダHD：9831）などのデフレ銘柄である。

しかし、これからは**「インフレ銘柄」**にシフトしていくだろう。では、何がインフレ銘柄なのか。これもまた、デフレが何か分かっていなかったようにピンとこない人も多いだろう。

「さらば据え置き経済」の記事では、ある企業の値上げ戦略の苦労が書かれているが、30年も日本に染みついたデフレ意識はなかなか変えることができない。投資も同様に。あまりにも安いものを探すことに慣れてしまったため、インフレ銘柄と言われてもそのヒントを探すことは難しい。

そこで、最も分かりやすいのがディズニーランド（オリエンタルランド：4661）だろう。入場チケットの値上げだけではなく、ホテルと自由にアトラクションが楽しめるパッケージは大人1人最高40万円近いものもある。

もはや「夢の国」から「お金持ちの国」「修羅《しゅら》の国」と揶揄《やゆ》されているほどだ。しかし、こうした値上げや高価格帯のサービスを提供しても、客足は減るどころか増える一方である。

オリエンタルランドは、さらに設備費を投入して新アトラクションを作っている。それが**「東京ディズニーシー、『アナ雪』新エリア開業」（2024年6月6日）**だ。この新エリア

「ファンタジースプリングス」は、入場方法が5種類あり、通常のパスで入場する無料の方法以外は、パッケージごとに価格を変えた有料料金を設定している。

売上高は「単価×客数」で表されるが、「単価上昇×客数増」は「増加」の掛け算になるため、売上高の伸びは直線的ではなく、二次曲線的に上がっている。これがインフレということなのだ。

こうした現象は、今後ますます増えてくる。つまり、値段が上がっても消費が変わらないという業種を探すことだ。それにはまず、**デフレからインフレに頭の中をシフトチェンジしなければならない時代**にきているのである。

最後に、為替の話もしておこう。円ドルが1ドル160円を超えたのは、実に「37年半ぶり」のことである。この円安はさらに加速するのかしないのか。これは多くの議論を呼ぶであろうが、そのヒントも新聞紙上から予測できる。

もちろん私の見方ではあるが、そのヒントとなる記事があった。

・トランプ氏「円安、米に大惨事」輸出競争力低下を懸念（2024年4月24日）

これは私独自の考え方であるが、為替というのは政策で決まると考えている。簡単に言ってしまえば、いつどういったときにドル高になるかを考えるほうが分かりやすく、それは**米国がお金を欲しがっているときにドル高になるということ**だ。

今回の円安の起点は2021年1月だったが、それはバイデン氏が大統領に就任した時期と重なる。バイデン政権になって勃発《ぼっぱつ》したのがロシア対ウクライナやイスラエル対パレスチナの戦争であり、ウクライナやイスラエルを支援しているのが米国だ。つまり米国は戦費が必要でどこからか調達しなければならないということになる。

この記事は、2024年の米国大統領選において共和党候補のトランプが大統領に再選されたら為替はどうなるのかということがはっきり見える記事だ。

トランプが自身のSNSの投稿で、「34年ぶりの円安は米国にとって大失敗だ」と強調したうえで、「多くのビジネスを失うか『賢い』国々に工場を建設するかを迫られるだろう」と述べている。

これは、トランプが大統領になれば戦費よりもビジネスを優先させ輸出競争力を高める政策に転換していくということを示唆している。彼の言う米国第一主義とは、何よりも国力を高めるということにほかならない。

これまでの米国は「世界の警察」として様々な戦争に加担してきたが、戦費調達のためにバイデン政権はドル高を容認したと思われるが、それでも米国は依然として累積赤字国である。

しかも米国の社会格差は日本のそれと比べようもなく大きい。金持ちは株高によってどんどん富を拡大していく。この見えない富裕層たちをトランプは「ディープステート」と呼んで攻撃しているのだが、海外からお金が集まることで、その格差の拡大は留まるところを知らない。

私は、トランプはまともな人物であるとすら思っている。彼はビジネスパーソンであり、ドル安から輸出を伸ばす国を目指すという考え方はまっとうな意見だ。現に米国民からは製造業の国内回帰を求める声が大きくなり、それがトランプ支持を後押しする要因にもなっている。

さて、日本はどうか。この原稿を書いている時点で1ドル160円強であるが、これはあくまで通貨間取引の名目為替レートだ。為替には実質実効為替レートというものがあり、これは肌感覚に近い。

例えば現在、米国ではラーメン1杯が3000円近くする（15～20ドル）が、1ドル160円で3000円だとするとラーメン1杯18・75ドルということになる。これを日本で食べると、仮に1杯1000円だとすれば6・25ドルになる。

そして日本がかつて固定相場1ドル360円で換算すると、ラーメンの値段6・25ドルに米国消費税（8・38％）、チップ20％を加算すると約2800円になる。感覚的には1ドル360円時代と合致する。

つまり、**現在の円安は1970年代初めの状態と同じ**であり、ある意味、世界から見ると日本の一般庶民は当時と同じ水準になってしまったということだ。

では、この円安は日本にとっても最悪なのかというと、私はそう思っていない。1970年代から80年代末にかけての円高局面で、日本経済は発展し、株価も急速に駆け上がっていった時代とまったく一緒だからだ。

先に、半導体生産国となりデータセンターが拡大していくと述べたが、トヨタにしてもEVではなく水素エンジンへの舵取り《かじと》りが新しい産業を生み出すかもしれない。こうした新しい分野で国力が高まれば同じように円高になっていくだろう。

そもそも一般的に言われていることと違い、過去の歴史を見ても円高に向かう局面のほうが経常収支はどんどん黒字になっている。むしろ円安に転じたときから経常収支は赤字になっていて、実質実効為替レートで最も円安だった2023年の時点で経常赤字が一番大きかったのだ。

だから今回、円安に振れたことは円高局面への呼び水となると考えている。いずれにせよ、為替は米国の政策、ドルの流れがどう変わっていくかによって大きく変わっていくのだ。

記事で取り上げられている株とその関連株

- **日本製鉄**（5401）
- **ホンダ**（7267）
- **ドン・キホーテ**（パン・パシフィック・インターナショナルHD：7532）
- **すき家**（ゼンショーHD：7550）
- **サイゼリヤ**（7581）
- **ユニクロ**（ファーストリテイリング：9983）
- **ニトリ**（ニトリHD：9843）
- **ヤマダ電機**（ヤマダHD：9831）
- **オリエンタルランド**（4661）

第 3 章

景気循環のサイクルで時代の変化を読む

The unique "NIKKEI" reading to search Ten-bagger

chapter : 3

経済の歴史は繰り返し、そして成長を遂げていく

経済（株価）は一定の循環で景気が上下を繰り返している。サイクルの意味は、また元の状態に戻ることで、ある一定の間隔（時間）で山と谷を繰り返す。つまり、景気は天井と底を同じ周波数のように波を形成している。

その〝波長〟は、谷から山へ、山から谷へのサイクルで、谷と谷の時間（年）によって様々なサイクル作る。景気循環サイクルは主に5つある。

【キチンサイクル】

3～4年の周期で「短期循環」「小循環」「在庫循環」とも呼ばれている。例えばスマホで考えると、モデルチェンジをする際には在庫を積み増すため生産を増やすが、逆に時間が経って在庫が増えすぎると生産を減らすわけで、在庫の増減によって生産量のサイクルが生まれる。

ゆえに「在庫循環」と呼ばれ、企業の在庫投資が要因になっている。

【ジュグラーサイクル】

9～10年の周期で「主循環」「ジュグラー循環」「中期波動」とも呼ばれている。例えば、製造業で考えると、景気が良くなると新しい機械を導入したり、新規事業のための工場を建設するが、景気が悪ければ設備投資を控えるようになる。

このように、設備投資に起因することから「設備投資循環」とも呼ばれている。

【クズネッツサイクル】

20年前後の周期で「建築循環」とも呼ばれている。建築物は設備投資よりも償却期間が長くなるため、建設業などで建て替えの需要が増せば景気が良くなり、次の建て替えまでは需要が減るために景気の波が生まれるとされている。

【コンドラチェフサイクル】

50～60年の周期で「長期波動」「大循環」とも呼ばれている。主に産業における技術革新と関連しており、第1波の１７８０～１８４０年代は紡績機、蒸気機関などの発明による産業革命、第2波の１８４０～１８９０年代は鉄道などの建設、第3波の１８９０年代以降は電気、化学、自動車などの発達と、大きな時代の変化が現れる周期とも言える。

【ヘゲモニーサイクル】

１００年の周期で「覇権サイクル」とも呼ばれている。キチン、ジュグラー、コンドラチェフは周期を発見した研究者の名前であるが、ヘゲモニー（hegemony）は覇権、主導権などと訳される歴史的な変化に関連しているとされる。

例えば、16世紀のポルトガル、17世紀のオランダ、18世紀と19世紀の大英帝国、20世紀の米国（イギリスは例外と考えられている）と、１００年ごとに覇権国家が変わっている。

現在の世界経済はどの国が中心になりどう変わっていくのかを大局的につかむことは、投資観を磨くには大事だ。これについては第４章で詳しく解説していきたい。

以上、景気を示す5つのサイクルを紹介したが、日経新聞紙上では、第2章で述べた「〜年ぶり」や「初」というキーワードに注目してほしい。世の中の大きな変化や次のサイクルに入る転換期を示す場合があるからだ。

5つの景気循環サイクル

キチンサイクル　3～4年の周期（在庫）

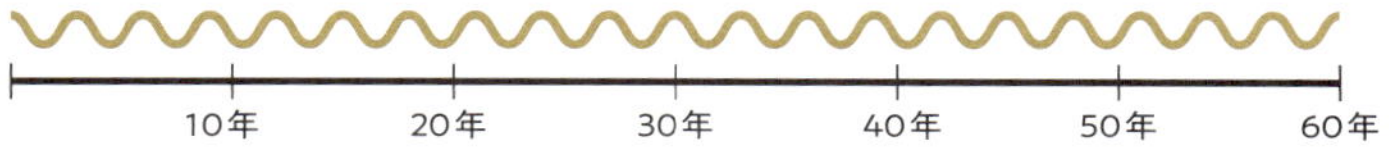

ジュグラーサイクル　9～10年の周期（設備投資）

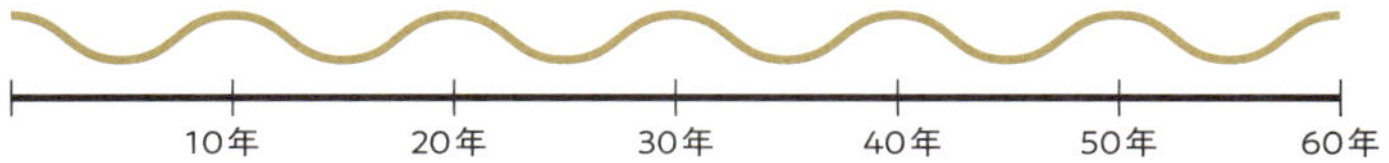

グズネッツサイクル　20年前後の周期（建設）

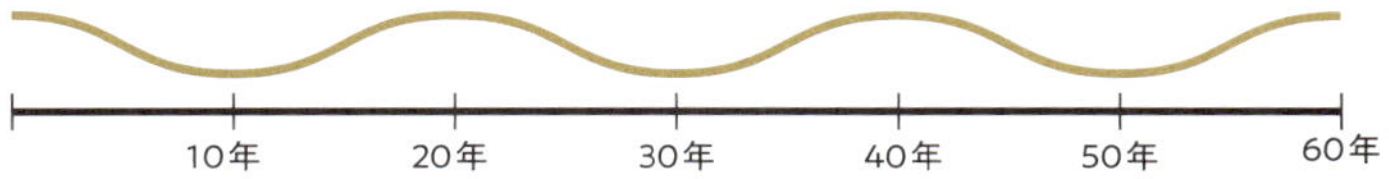

コンドラチェフサイクル　50～60年の周期（技術革新）

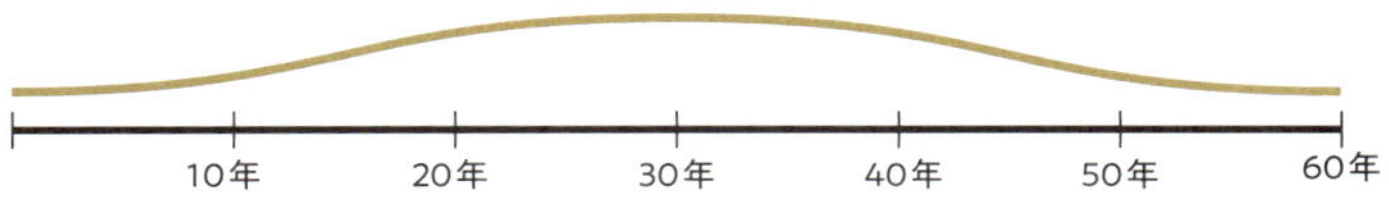

ヘゲモニーサイクル　100年の周期（覇権）※イギリスは2世紀を支配

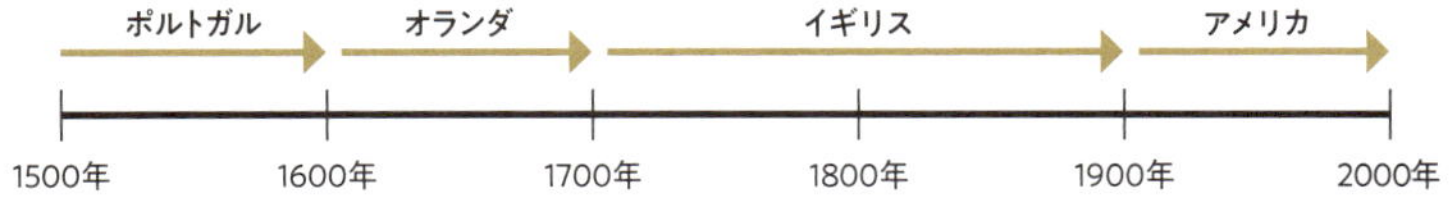

（出所：nikkei4946.comをもとに作成）

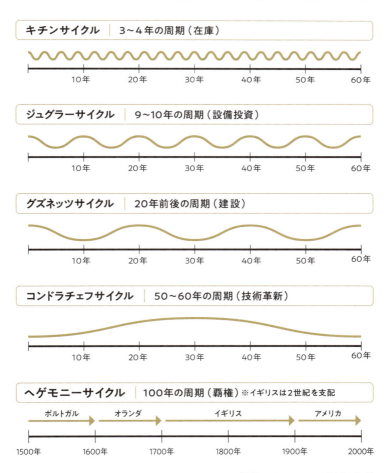

そして、「〜年ぶり」というキーワードが現れたら、**当時は何が起こっていたか**を振り返り調べてみるといい。というのも、サイクルは決して5つの波に当てはまるとは限らないからだ。その場合は、当時に何が起こったかということに立ち戻ることで、何が循環しているかということをつかむことができる。

そのうえで、その先の未来を想像していく。日経新聞の記事からも、そうした変化を読み解くことができるのだ。

ある企業の株価から、すでに日経平均4万円超えはセットされていた

２０２４年２月22日、日経平均株価が34年ぶりに最高値を更新した。１９８９年のバブル最高値の天井から２００９年のバブル最安値の底までの20年、そこから15年の２０２４年というサイクルを考えると、今回の最高値はまだ突き抜けていってもおかしくはない。

それは第２章でも述べた通り、日本はやっと正常な経済のスタートを切ったからだ。日経新聞でも**「もはや『バブル後』ではない」**ということが書かれている。

そうしたサイクルを考えれば、企業の最高値も当然だ。海外投資家たちが日本市場に戻ってきたのも、過去10年で日本企業の1株利益の伸び率が米国企業を上回っていることが示しているからだ。

日経新聞に現れる「最高値」「最高益」といった言葉が、投資家にとっては〝終い記事〟かどうかを判断するだろう。では、今回の企業の株価はどう見ればいいのだろうか。

Q19 次の記事が出た時点で株価をどう判断すればいいだろうか？

・ファナック、37年ぶりに株式5分割（2023年1月27日）
・日立、上場来高値　35年ぶり（2023年9月1日）

日立製作所（6501）が2023年8月31日に上場来高値を更新している。35年前の1988年8月1日に付けた9714円を上回った。当時の高値は半導体や家電が成長した結果だが、日立はその後、2003年に半導体製造からは撤退している。2009年には最大の赤字を計上し、DX事業を立ち上げたほか、海外での送配電事業の需要を取り込み再成長を果たした（2024年6月27日に株分割を行っているため、当時の数字）。

そして、結果的に日立は**「日立、9年ぶりにソニーの時価総額超え」**（2024年6月27日）という大転換期を迎えたのである。

業績における評価はさておき、注目していただきたいのが「35年ぶり」という部分だ。35年ぶりということは1988年で、まさにバブル崩壊の1年前である。つまり、**2023年に最高値を付けた時点で、1980年代のときと同様に、1年後の日経平均がバブル期を超えることが読み解ける**のだ。

これは日経平均と連動して見ると分かるのだが、日立のほかファナック（6954）なども先に高値を付けたあとで日経平均が上がっていくというサイクルがある。これが分かればこうした段階で日経平均も予測できる。

株式用語では「面合わせ」といって、相場が以前に付けた高値や安値と同じ値段になるという相場の1つの節目があるが、これからの相場は高値からさらに上乗せしていくと見ている。

記事7 日立、バブル期の高値を更新

日立、上場来高値

35年ぶり 事業再編、再成長を評価

日立製作所の株価が31日、バブル崩壊前に付けた上場来高値を35年ぶりに更新した。金融危機後から続いた事業入れ替えが一巡し、デジタルトランスフォーメーション（DX）とグローバル化を中心とした再成長戦略が奏功している。改革を「有言実行」してきた姿勢を評価する投資家の買いが押し上げている。

31日午後の株式市場で、日立株は1988年8月1日に付けた上場来高値（9714円、株式併合などを考慮）を上回った。一時9739円まで上昇し、終値は160円（1・7%）高の9694円だった。時価総額は9兆円を超え、東証の時価総額ランキングでは13位になっている。

前回上場来高値を付けた88年から、日立の事業領域は大きく変化した。当時は大量生産品と国内市場の両輪で事業を展開していた。大量生産品では半導体やテレビ、ビデオプレーヤーなどを展開。インフラ事業は電力会社や鉄道会社が主な顧客だった。

ただ、2000年代に入ると韓国や台湾勢が半導体やデジタル家電で台頭。少子高齢化で国内市場が成熟するなか、インフラ事業も伸び悩んでいた。金融危機後の09年3月期には、当時の製造業で最大となる7873億円の最終赤字を計上し、経営再建に向けてIT（情報技術）とグローバル化を中心とした事業構造改革を推進した。

選択と集中では子会社上場の解消を進めた。日立金属（現プロテリアル）や日立化成（現レゾナック）など「御三家」と呼ばれた上場子会社を売却し、09年に22社あった親子上場は23年にゼロになった。

グループ再編を進める一方、成長分野では積極的なM&A（合併・買収）を進めた。20年にスイス重電大手ABBから7000億円で送配電事業を買収したほか、21年には米IT企業のグローバルロジックを1兆円で買収した。1988年度に22・9%だった海外売上高は、現在では6割を超える。

取締役会も改革した。2008年当時は取締役13人中5人が社外で、外国人は0人だった。現在は12人中9人が社外で、5人が外国人だ。デジタル戦略を進めるため、20年には元シーメンスの最高情報責任者（CIO）のヘルムート・ルートビッヒ氏を招いた。

今年株価上昇に弾みが付いたのはいずれも決算発表がきっかけだ。4月発表の2023年3月期の連結決算（国際会計基準）は、純利益が3期連続で最高益を更新。7月28日発表の4～6月期の連結決算も「数字以上に好印象な決算」（JPモルガン証券の綾田純也氏）との評価だ。

上場子会社の売却が完了して売上高が前年同期比で10%減るなかでも、営業利益は7%増となった。DX支援事業「ルマーダ」の売上高が前年同期比で3割増えたほか、海外では送配電事業を中心に環境投資の需要を取り込んだ。「オーガニックな成長継続に期待を抱ける」（綾田氏）という。

こうした事業構造とガバナンス（企業統治）の改革を着実に進めてきた実績は投資家の信頼を生んだ。あるアジア系の投資家は今春に香港で開かれた投資家向けのイベントで「日本企業で改革を有言実行できるのは日立だけだ」と話していた。

市場関係者の今後の注

35年ぶりに上場来高値を更新

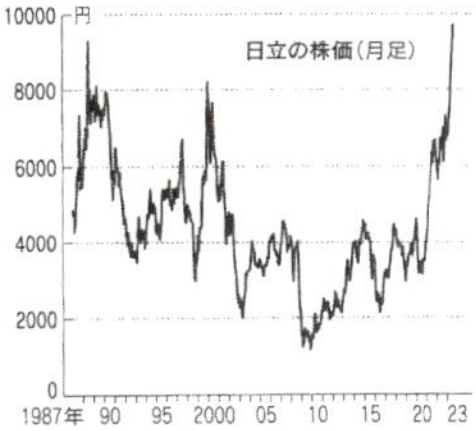

日立の35年間の主な出来事

1988年	半導体や家電が成長。当時の上場来高値を更新
2003	半導体製造から撤退
09	当時の製造業最大の最終赤字を計上
16	DX支援事業「ルマーダ」を立ち上げ
21	米グローバルロジックを1兆円で買収
23	09年時点で22あった親子上場をすべて解消

2023年9月1日 日本経済新聞朝刊

- 35年ぶり 事業再編、再成長を評価で「～ぶり」のキーワード
- 1988年8月1日の高値を上回る、一時9739円
- 2009年、製造業最大の赤字
- 2009年に22社あった親子上場が 2023年ゼロに

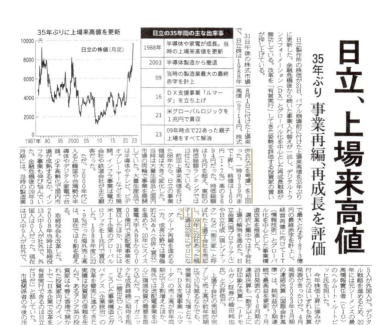

いわゆる**「倍返し相場」**というもので、下がった分の倍になる波動のことである。この考え方でいくと、日経平均は2009年の最安値7054円まで3万円以上の下げ幅の倍、つまり倍返しの7万円くらいまでいってもおかしくはない。

これが今の相場とも考えられるのだ。日本経済は新たなスタートとしてのサイクルを迎えたと言っていいだろう。

記事で取り上げられている株とその関連株

- **日立製作所**（6501）
- **ファナック**（6954）

サイクル論から企業の未来を予測する

企業というものは、事業を再編したり新規事業を立ち上げたりしながら経営を行っているが、その歴史もサイクルに合致する場合があるのがサイクル論の不思議なところだ。

次の見出しはホンダ（本田技研工業：7267）のものであるが、どんなサイクルで変遷しているかを見ると、この企業の未来が想像できる。

Q20 ホンダはどんなサイクルを描いているだろうか？

・ホンダ、上場来高値　16年ぶり（2023年9月7日）

この記事が出た直近の自動車大手7社（トヨタ、日産、ホンダ、スバル、三菱、マツダ、スズキ）のうち、**最高益を出したのはトヨタとホンダだけ**だ。北米を中心に4割近い販売を占める中、多目的スポーツ車（SUV）の売上が好調で、やはりF1のホンダというだけある。

F1については参戦、撤退を繰り返しているホンダであるが、私はこの16年というサイクルから別のことを考えている。実は、16年前の1年前、2006年にホンダは小型ジェット機の市場に参入しているのだ。

ホンダはプライベートジェットのCMを流し、実際にCMを見てホリエモンこと堀江貴文氏が、1号機を5億8000万円で共同購入している。この**プライベートジェットはホンダが世界一**で、私はホンダが**車からジェットに向かうサイクルになる**のではないかと思っている。

もの作りの象徴とも言える企業だが、時代の一歩先を行くのがホンダだ。というのも、2007年のさらに16年前の1991年、創業者の本田宗一郎氏が亡くなっている。これは本田イズムが新たなるもの作りへ挑戦する転換期だったのではないだろうか。

本田氏が会社を興したのは戦後すぐの1946年。そこから原動付自転車を考案して「ホンダ・カブ」が1952年に誕生した。その改良バイク「ホンダ・スーパーカブ」が1958年に製造販売され、これがいわゆるカブと呼ばれるバイクとなった。

そんな歴史も幕を閉じようとしている。それが**「ホンダ『スーパーカブ』来年5月で生産終了と発表」**（2024年6月23日）という記事だ。

ホンダもまた、時代の大きな通過点を迎えたのである。

記事で取り上げられている株とその関連株

●本田技研工業（7267）

サイクル論が示す
デフレの終焉とデフレ企業

デフレ銘柄からインフレ銘柄へと時代は変わっていく中で、象徴的な記事が出ている。それは「お、ねだん以上。」のキャッチフレーズで知られるニトリＨＤ（９８４３）が24年ぶりに減益になったことだ。

最高益とは逆で、サイクルで言えば至極当然だが、これまで儲《もう》かっていた企業が入れ替わっていく、まさに時代の転換点を示す象徴的な出来事である。

Q21
24年前と言えばどんな時代に当たるだろうか？

・ニトリ、前期24年ぶり最終減益（2023年5月9日）

24年前の1999年と言うと、プロ野球の福岡ダイエーホークスが南海ホークス時代から26年ぶりにパリーグで優勝した年である。

ダイエーは高度成長の波に乗り隆盛を極めたが、バブル崩壊以降は地価上昇を前提として店舗展開をしてきた経営に陰りを見せ始めた。だからこそ、この優勝がダイエー方式の最後だったのではないかと思う。

ちなみに、球団をダイエーから買収したソフトバンクグループ（9984）であるが、ニトリ減益の2日後に**「ソフトバンクG、2期連続赤字、前期9701億円赤字」**（2023年5月11日）という記事が出ている。何とも不思議な因縁を感じるのは私だけであろうか。

さて、ダイエー優勝を機に、創業者の中内㓛《こう》氏は「時代が変わった」として退任へと追い込まれていく。そんな時代に現れたのがニトリだ。1998年安値の時価総額は110億円で、直近高値での時価総額は約2・7兆円だったので、長いデフレ期の間に約245倍になっている。つまり、**24年前に本格的なデフレ相場がスタートした**と考えられるのだ。

そして今、デフレは終焉を迎えている。デフレ企業、いわゆるデフレ銘柄が生き残るには安さを売りにすることからの脱却をしていかなければならない。これまで、価格以上のお得感、言い換えればそれだけ〝安い〟を売りにしてきたニトリであるが、時代の転換をとらえたブランド戦略を立てられるかどうかが鍵になってくるだろう。

記事で取り上げられている株とその関連株

- **ニトリHD（9843）**
- **ソフトバンクグループ（9984）**

コンドラチェフの波にピタリとはまった、ある業界の変遷

コンドラチェフサイクル（50〜60年周期）は、産業自体が大きく変わる節目であるが、それは我々のライフスタイルも変わるくらいのインパクトのある出来事でもある。

分かりやすいのはテレビだろう。日本でテレビ放送が開始されたのは、NHKが本放送を開始した1953年であるが、今やネットを見る人が増えテレビの役割も終わろうかと言われている。

テレビの生産量は年々低下の一途をたどり、**「シャープ、液晶撤退」（2024年5月14日）**という記事にも象徴される。液晶と言えばシャープの代名詞であったが、2009年に建設した堺工場はテレビ向けの大型パネルの生産を停止し、パソコンやスマートフォン向けの中小型パネルも段階的に事業を縮小する。

工場は売却を予定しており、98ページに挙げたデータセンターへの転換を検討している。

こうしたテレビの衰退に取って代わったのがスマートフォンでの動画視聴で、その代表的なものがユーチューブであるが、日本語で視聴できるようになったのが2007年だ。

このサイクルは54年で、コンドラチェフサイクルと一致する。ユーチューブは今やVチューブ（ヴァーチャル・ユーチューブ）の時代に入っており、ＡＩと相まって、その様相も変化していくであろう。

こうした業界の衰退は、別のところでも現れている。

Q22 以下の記事から、ライフスタイルはどう変わったのだろうか？

・そごう・西武百貨店、大手百貨店では61年ぶりのストライキ（2023年8月31日）

このストライキの様子はメディアでも大きく取り上げられ、記憶に残っている人も多いだろう。シャッターの閉じられた西武池袋本店の前には、３００人を超える従業員が外資系ファンドへの売却に抗議のデモを行った。

結果的にはストは実らず、親会社のセブン＆アイ・ホールディングス（３３８２）は労組側と並行線のまま売却するという異例の事態となった。

61年前にあたる1962年は、阪神百貨店をはじめ給料のベースアップを求めるものであり、時代が急成長を遂げるスタートの年であった。

この1962年という年は、様々な事象がコンドラチェフサイクルに当てはまってくる。まず同じ百貨店で言えば、この年に小田急百貨店が開店している。小田急百貨店の象徴とも言える新宿店本館は2022年10月2日に営業を終了した。

第2章のインドが人口世界一になったという項で、東京都の人口が2年連続減少していることを述べたが（58ページ参照）、1962年に東京都の人口は1000万人を突破し、世界初の1000万人都市になっている。そして、面白いのがこの年、テレビ受信契約者が1000万人を突破し、あのジャニーズ事務所が設立しているのだ。

以上、2022年から2023年にかけて1つの時代が終わっていくことがコンドラチェフサイクルで示されている。

しかし、この長い波はすべてが終焉を意味するのではない。終焉とは、**新たなものが起こり駆け上がっていく新しい幕開けの波でもある**のだ。

それを示す波もまた、1962年という年に現れている。たとえば、1960～

1964年に原則的貿易の自由化となったが、コンドラチェフの周期を迎えた2022年は、日本の貿易赤字が最大となっている。そう考えると、日本の貿易は新たなスタート地点に立っていると言えないだろうか。

また、北陸トンネルが開通したのも1962年である。2024年に北陸新幹線が東京駅から福井県敦賀駅まで開通した。新幹線の開通で新北陸トンネルにその座が譲られたが、これもまた新しい時代の変化を象徴している出来事と言えるのではないだろうか。

記事で取り上げられている株とその関連株

●セブン&アイ・ホールディングス(3382)

コンドラチェフの波で宇宙開発はまさに大周期を迎えている

21世紀になり、人類の産業として大きな変化をもたらすのは宇宙産業、いわゆる宇宙ビジネスだろう。近年、ロケットや月探査、人工衛星など宇宙に関するニュースを見聞きする機会が多くなった。

現代社会において、宇宙ビジネスはもはや必然の産業となったと言っていい。もちろん投資の観点からも理解を深めておくことが重要だ。では、今なぜ宇宙なのか。まずはその歴史をひもときながら宇宙ビジネスに関する視点の第一歩としよう。

そもそも宇宙開発が本格化したのは、米ソ冷戦時代の1957年に旧ソ連が世界初の人工衛星スプートニク1号の打ち上げに成功した日に始まる。これにより米国は宇宙開発を加速させたわけだが、今世紀に入り民間ベンチャーが宇宙開発に乗り出している。

まさに技術革新に関連するコンドラチェフサイクルであり、自動車やインターネットの誕生サイクルと同様に、世の中を変える大きな変化を生んでいる。

日本でも2016年に**「宇宙活動法」が策定**され、これまで参入障壁の高かった宇宙ビジネスに門戸が開かれた。これにより元来、人工衛星やロケットなどの部品を製造していた日本企業が、自国独自の開発に乗り出すようになった。

日経新聞においても、こうした流れから宇宙に関する記事が見られるようになってきた。とくに近年、月に関する調査が世界でも活発になり、紙面上でもかなりの数が取り上げられている。

日本がこの宇宙ビジネスの時流にどう乗っていくのか。この分野において、技術立国ニッポンが再び世界を席巻していくのか。今、最も注目すべきテーマである。

実際に、宇宙ビジネスの未来はどうなっていくのかを現時点の記事から考えてみたい。

Q23 これらの記事から宇宙ビジネスの何が読み取れるだろうか？

- **アルテミス計画「日本人も月面に」 日米宇宙協力締結へ**（2022年12月11日）
- **アイスペース、民間初の月面へ宇宙船打ち上げ**（2022年12月11日）

・JAXA「H3」初号機打ち上げ失敗（2023年3月7日）
・月面着陸へ国産技術結集（2024年1月19日）
・ピンポイント月着陸成功　世界初、誤差100メートル以下（2024年1月26日）
・宇宙開発に弾み「H3」打ち上げ再挑戦で成功（2024年2月18日）
・日の丸宇宙技術 結集　バネ・センサー…広がる裾野《すその》（2024年2月18日）

見出しをざっと見るだけで分かると思うが、これらの記事は宇宙開発における**「技術」**の話だ。宇宙開発技術関連だけでもこれだけ多くの記事が挙げられている。

先ほども述べたが、近年は月面探査における開発が活発になっている。**「アルテミス計画『日本人も月面に』」**という記事は、NASA長官のインタビューからまとめたものだ。アルテミス計画とは、米国が主導する月探査計画、有人月面着陸を目指すプロジェクトの総称である。

NASAのネルソン長官は、「日本人も月面に行く」ということを示唆した。この背景には、中国が2030年までに有人の月探査を目指しており、それに先んじて月面開発をする方針で、日本の技術を必要としているからだ。

ネルソン氏はインタビューで「日本はもっとも重要で貴重なパートナーの一つ」と明言している。最新のニュースによると、早ければ２０２８年に日本人の宇宙飛行士が月面着陸することが、２０２４年４月に行われた日米首脳会談で合意されている。

米国が有人の月面着陸を目指すのは、アームストロング船長率いるアポロ11号が１９６９年７月20日に月面着陸を成功させて以来、約50年ぶりのことで、これもコンドラチェフサイクルに一致する。

月面はまさに南極点、北極点にどの国が先に国旗を立てるかを争う、新たな局面を迎えたと言っていい。そこに**日本の技術がどう関わっていくか**というのが焦点となっているのだ。

日本もこれに参戦すべく、２０１０年に設立された世界初の民間ベンチャーのアイスペース（ispace、９３４８）が挑戦している。２０２２年12月11日、そのアイスペースが探査機の月面着陸に挑んだ。打ち上げ後の４月26日に月面着陸体制に入ったが、結果は通信が途絶えて失敗に終わった。

もしこれが成功していたら、株価が一気に跳ね上がっただろう。アイスペースは

２０２３年４月に東証グロースに上場しているが、２０２４年の４月にも月面着陸に失敗しており、上場当時の最高株価２３７３円（４月19日）を付けて以降、１年後は７００円台を推移している。

アイスペースは２０２４年冬にも再挑戦を目指しており、ここが１つの試金石になりそうだ。

いっぽう、国立研究開発法人である宇宙航空研究開発機構（ＪＡＸＡ）は、２０２４年1月20日に**月面ピンポイント着陸に成功**した（発表は1月25日）。着陸誤差１００メートル以下は世界初のことであり、月の資源探査での日本の強みとなった。

月面探査機小型ロボット「ＳＬＩＭ」による画像が世界にも発信されたが、タカラトミー（７８６７）やソニーグループ（６７５８）が参画している。この成功に先駆けて、日経新聞では技術の結集として様々な企業を紹介している。

撮影画像を過去の月面データと照合し位置を推定する計算機を作った三菱電機（６５０３）、宇宙という厳しい環境でも撮影できるカメラを作った明星電気《めいせい》（６７０９）だ。

エンジン部門では、主力エンジンの三菱重工業（７０１１）や、小型エンジンで機体の

記事8　JAXA、ピンポイントで月着陸へ

ピンポイント月着陸 成功

世界初、誤差100メートル以下

JAXA探査機 2台のロボ連携

宇宙航空研究開発機構（JAXA）は25日、月探査機「SLIM（スリム）」が目標地点からの誤差が100メートル以内の「ピンポイント着陸」に成功したと発表した。2台の小型ロボットが連携して得たスリムの画像も公開した。いずれも世界初の成果で、今後の資源探査で日本の強みとなる。

スリムは20日未明、日本として初めて、世界で5カ国目の月面着陸に成功した。JAXAがスリムから届いたデータを分析した結果を公開した。

撮影画像を公開

小型ロボットが月面で撮影した探査機「SLIM」の画像＝JAXAなど提供

スリムが着陸直前に月面に放出した2台の小型ロボットはおおむね正常に作動し、スリムの画像を地球に届けた。撮影したのはタカラトミーやソニーグループなどと開発した超小型ロボット「レブ2（通称SORA－Q＝ソラキュー）」で、重さは約250グラム、大きさは野球ボールほどだ。

中央大学などと開発した「レブ1」がレブ2から受け取った画像データを地球に送った。JAXAの平野大地主任研究開発員は「世界初となる完全自律の複数のロボットによる月面探査を達成した」と強調した。

スリムで世界初の技術実証を目指したピンポイント着陸も成功した。従来の月探査では数キロ～十数キロメートルだった目標地点からの誤差を100メートル以内に収める技術だ。JAXAは月面着陸を「ミニマムサクセス」、ピンポイント着陸はより大きな目標の「フルサクセス」と位置づけていた。

地球から遠い月面に高精度で着陸するには遠隔操作ではなく探査機が自ら判断する必要がある。スリムは目標から約55メートル離れた地点に降りた。当初降りようとした場所に岩などの障害物があったため、自動で回避した。

坂井真一郎プロジェクトマネージャはピンポイント着陸について、「100点満点。設計で見込んだ実力を発揮してくれた」と述べた。障害物を回避する前の時点では「（目標から）10メートル以内の精度を達成している。恐らく3～4メートルだ」（坂井氏）という。月面を撮影しながら、月の地図と照らし合わせて即時に位置を判断し、機体を制御できた。

一方、着陸後に上を向くはずだった太陽電池は、想定と違う方向を向いて発電できていない。主エンジンが上を向いた状態で着陸し、太陽電池は西を向いていた。

高度15キロメートルからの降下途中、高度50メートル付近で、2基ある主エンジンのうち、1基で異常が起きた。その影響で、柔道の受け身のように自ら倒れ込んで、斜面でも安全に着陸する「2段階着陸」は実証できなかった。

今後、太陽の方向が変わって太陽電池が復旧するのを待ち、追加観測ができるよう準備を進める。月の起源解明につながる科学的な成果の創出を目指す。

資源豊富、各国開発競う

月は水や金属が存在するため、世界の宇宙開発競争の主要な舞台となる。水は飲料となるだけでなく、電気分解すれば燃料に使える水素や酸素を作れる。アルミニウムやチタン、鉄などは基地を築く材料になる。月の資源を使えれば、地球から運ぶよりも効率的だ。

月の重力は地球の6分の1で、地球から出発するよりも少ないエネルギーで宇宙空間に行ける。火星などへの足場にできる可能性もある。

ただ、月の水は十分な量が存在するのかはまだ分かっていない。豊富にあると考えられているのは南極周辺で、米国は2024年、日本とインドは25年度にも無人探査機を送る方針だ。中国も独自の計画を掲げる。

その先には有人探査を巡る競争がある。米国が「アポロ計画」以来の有人着陸を目指す「アルテミス計画」は「月での継続的な活動」を標榜する。中国も月面基地の建設構想を持つ。米中を軸に月の開発競争が進む見通しだが、資源利用に関する明確な国際ルールがない。

1966年に採択された国連宇宙条約は天体の領有を禁じているものの、資源の所有については明確な規定がない。宇宙での活動が他国に有害な影響を与える恐れがある場合は、事前の国際協議で解決するべきだと定めている。学習院大学の小塚荘一郎教授は「利害調整をどの場で果たすのかは、現状では明確に決まっていないのが課題だ」と指摘する。

2024年1月26日　日本経済新聞朝刊

写真：©JAXA／タカラトミー／ソニーグループ（株）／同志社大学

細かい制御を担ったＩＨＩエアロスペース、電池部門では太陽電池のシャープ（６７５３）、リチウムイオン電池の古河《ふるかわ》電池（６９３７）と、まさに日本の技術力が結集された。

余談だが、ＩＨＩエアロスペースはＩＨＩ（７０１３）の子会社であるが、その始まりはゼロ戦のライバルとされた「隼《はやぶさ》」を生産していた中島飛行機の発動機工場である。

この会社は戦後、当時存在していたプリンス自動車工業（のちに日産と合併）に吸収合併、さらに石川島播磨重工業（現ＩＨＩ）に事業譲渡して現在に至る数奇な運命をたどっている。この企業が、当初、世界最強のドッグファイターと言われた「隼」の時代から、舞台を空から宇宙へと移したのはとても興味深い。

さて、日本も月に向けての開発競争を展開しているが、それは月には水や金属が存在するため、今後の資源利用が期待されているからだ。

水は飲料だけではなく水素や酸素を作ることができる。また、アルミニウムやチタン、鉄などは基地を築く材料となる。こうした資源を使うことができれば、わざわざ地球から運ばなくても効率的になる。しかし、こうした資源利用に関する明確なルールは今のところない。それゆえに、各国の競争が激化しているのだ。

いっぽうで、ＪＡＸＡは**ロケット開発**にも取り組んでいる。２０２３年３月のＨ３ロケットの打ち上げには失敗したが、再挑戦した２０２４年２月に成功したことで自前の輸送手段を確保したことになる。

この成功により、日本は宇宙開発においてようやく産声を上げることができた。そして、２０２４年７月１日にはＨ３の３号機が打ち上げに連続で成功し、主衛星「だいち４号」を軌道に乗せている（同11月には、４号機が「きらめき３号」の打ち上げに成功している）。

こうして宇宙開発に本格的に乗り出し始めた日本は、ロケット技術においても企業が結集している。２号機の打ち上げが成功した同日、日経新聞では「日の丸宇宙技術」として、各企業の紹介をしている。

主力エンジンは三菱重工業、燃料を送るターボポンプはＩＨＩ、１段目エンジンの推力を補うブースターはＩＨＩエアロスペースだ。そのほか、水素と酸素を分離するシールを開発するイーグル工業（６４８６）、エンジンへの異物侵入を防ぐフィルタにはニチダイ（６４６７）、３Ｄプリンター技術には中小企業の中央エンジニアリング（非上場）が参画している。

機体部分では、人工衛星を搭載する空気抵抗を減らすフェアリングという技術に川崎重工業（７０１２）が名を連ねる。そのフェアリングや炭素繊維容器は東レ（３４０２）、ロケットの構造材としてアルミのＵＡＪＣ（５７４１）、データを送る送信機にはＮＥＣスペーステクノロジー（ＮＥＣ〈６７０１〉子会社）、ロケットを軌道に乗せるためのセンサーは日本航空電子工業（６８０７）などの企業がある。

そのような中で注目されているのが、日本の中小企業の技術だ。人工衛星の分離を支えるスプリングには大阪の東海バネ工業（非上場）という中小企業の技術が投入されている。この会社は従業員数１００人未満だ。また、振動しても緩みにくいネジはヤマザキアクティブ（非上場）という長野県にある従業員20名の工場である。

そもそも先代にあたるＨ２Ａロケットでは、こうした中小企業を含めると約１００社の供給網が形成されていたという。宇宙開発には高度な技術が求められるいっぽうで多品種小ロットという採算の確保が難しいため収益面でのリターンが少ない。

こうした収益構造でも日本のモノ作りの慣習や職人としての心意気のような醸成が、**世界に先んじて技術を結集する**のではないか、と私は考えている。開発技術においては注目しながら、投資の目線ではその収益もにらみながら変化をとらえていく必要があるということだ。

では、世界の宇宙開発はどうなっているのだろうか。それが次の記事だ。

Q24 これらの記事から宇宙ビジネスの何が読み取れるだろうか？

- ロシアが月探査機　1976年以来（2023年8月12日）
- 日印共同探査に弾み　インド、月面着陸に成功（2023年8月25日）
- 夜空の光1割が人工衛星（2024年1月7日）
- スペースX独走　低コスト競争、メタン燃料脚光（2024年2月6日）
- 米新興、月着陸に成功　無人船、民間では初（2024年2月24日）
- 中国探査機「嫦娥《じょうが》6号」、月の裏側着陸、土回収、世界初（2024年6月2日）
- スペースXのスターシップ、地球帰還初成功（2024年6月6日）

冷戦時代を髣髴《ほうふつ》とさせる宇宙ビジネス戦争が始まったが、中国における宇宙開発は日経新聞紙上では見当たらない。それもそのはず、中国が開発資料を公開することがないからだ。それでも中国は、２０２０年の嫦娥《じょうが》５号に続き、２０２４年６月に嫦娥６号が世界初の月の裏側のサンプルを持ち帰ったとして、世界の科学者たちを驚愕《きょうがく》させた。月の裏側への着陸は通信環境が悪く、ハードルが高い調査であった。それが中国によって成功したということは、中国は宇宙開発に関して世界を一歩リードしたことを示す象徴的な出来事である。

習近平も「人類史上初めて月の裏側からのサンプルリターンを実現し、宇宙強国と科学技術強国を築く上で、また一つ象徴的な成果を得た」とメッセージをしている。

ロシアも１９７６年以来、月探査に乗り出している。記事では当時のルナ24号の成功から「約半世紀ぶりに」のことで、月の南極付近に着陸する探査機を打ち上げた。しかし、国営宇宙公社ロスコスモスが開発した月面探査機ルナ25号は、２０２３年８月11日に打ち上げたあと、20日に月面に墜落し失敗に終わっている。

そして、同月８月23日には、**インドが世界で4カ国目の月面着陸に成功**した。インドは人口が世界一となり、自動車、航空機、そして宇宙へとつながっていくと述べたが、それがこの月面着陸成功である。

インドの月探査機「チャンドラヤーン3号」が世界で「初めて」南緯70度の月の南極付近に着陸したのであるが、ここでは**〝月の南極〟に着陸した**ということが大きい。

ロシアも南極付近を目指して失敗しているが、なぜ月の南極が重要であるのかというと、そこには氷に覆われた氷河、つまり水が存在するということが分かったからだ。

インド成功の記事には**「日印共同探査に弾み」**とあるが、これは日本とインドが共同で2025年以降に計画する月の水資源探査「LUPEX《ルペックス》プロジェクト」によるものだ。この計画には月面走行も計画されており、探査車の共同開発には三菱重工業にトヨタが連携する。

水資源に関しては、人口が最大となるインドにとっては将来的な課題となることは間違いない。その布石を打っておくために、日本の技術協力は絶対不可欠だろう。日本の月面着陸は、SLIMが2024年1月に成功したが、ここに**「米国、インド、日本VS.中国、ロシア」**という宇宙ビジネス戦争の構図が出来上がったということだ。

もちろん、宇宙ビジネスに関しては米国が先頭を走っている。「スペースX独走」という記事が示す通り、宇宙開発にもすでに低コスト競争が始まっており、ここにおいてはスペースXが先行している。

将来的には月や火星への飛行も想定したスペースXの大型宇宙船「スターシップ」は、4回目の試験飛行で初めて地球帰還に成功している。この成功を受け、スペースXはNASAの月面開発計画に参加する予定で、実用化に向け前進している。

スペースXは、ご存じの通りイーロン・マスク氏が2002年に立ち上げた会社である。2008年に民間資金で開発された液体燃料ロケットでは初となる小型ロケットでの軌道に到達。2010年には、これも世界で初めて軌道に乗った宇宙ステーションの宇宙機回収に成功。2012年には民間機として初のドッキングも成功させ、補給物資や実験装置を送り届けている。2015年には、衛星打ち上げロケットの垂直着陸を達成。2017年からは他社に先駆けてロケットの再使用を実施。2018年、大型ロケットの運用を開始し、民間の宇宙船を太陽周回軌道にも打ち上げた。2020年には有人宇宙船の打ち上げと宇宙ステーションとのドッキングを成功させている。どれも民間では世界初の偉業とも言える。

こうした再使用技術を積み重ねた結果、開発や製造の費用を大幅に下げる技術が進行し、ロケットに使う燃料も**水素よりも爆発リスクが少ないメタン**が脚光を浴びている。

月面着陸に関しては、日本が2024年1月にピンポイント着陸に成功した約1カ月後の2月23日（日本時間）に米国の民間ベンチャーであるインテュイティブ・マシーンズが民間初の月着陸を成功させている。こちらも月の南極付近に降り立ったということも付記しておく。

一連の民間による月面着陸競争では、日本のアイスペースは競争に負けてしまい、月面着陸をめぐる歴史の1ページを刻むことはできなかったというわけだ。

以上、月面着陸の歴史は旧ソ連が世界初、米国もそれに続いて達成した1966年から58年ぶり、約60年のサイクルを経て、国家プロジェクトを超えて民間のビジネスへと大きく変わったのである。

さて、最後に残っている**「夜空の光 1割が人工衛星」**という記事であるが、宇宙ビジネスとして新たに必要となってくる産業のヒントとなるものだ。

地球に近い軌道を飛ぶ人工衛星が急激に増え、日本から眺める星の1割に及ぶという。スペースXは4年半で約5600基の通信衛星を打ち上げているが、人工衛星は太陽の光に反射するため天文の研究者たちは、研究の妨げになる「光害」として深刻な問題になっている。

今後も人工衛星の打ち上げが急増し、スペースXは4万2000基、中国企業は1万3000基など、世界で合わせて6万5000基が予定されている。国際電気通信連合（ITU）によると、2024年の6万5000基から2029年には170万基にのぼるというデータが出ている。

つまり、宇宙は使用済みの人工衛星を含めゴミだらけになるということだ。この問題に、

宇宙の〝ゴミ〟を回収するという事業が生まれている。

アストロスケール（186A）という日本企業だ。アストロスケールは、世界で初めて「宇宙ゴミ（スペースデブリ）」の解決に向けて立ち上げられた、ほかに例のない宇宙ベンチャーだ。米国、英国、フランス、イスラエルに子会社を持ち、グローバルに事業を展開している。

また、宇宙ゴミを回収するための網の開発を目指している会社もある。日東製網

（3524）という漁網を作っている会社で、『会社四季報』には、かなり前から宇宙ゴミ回収の網開発が謳《うた》われている。

しかし、こうした企業の株価は上がっていない。あくまでも長期的なスパンで見る必要がある事業だからだ。

ただ、人工衛星を使った技術のほうは着実に進化していて、たとえば、衛星から地表面の水道管を調べて、どこの水道管が漏れているかというのを検知するといったこともできるようになっている。こうしたことが宇宙から見て把握できるのだ。

こうした技術を使用した企業の株価は動いている。ＱＰＳ研究所（５５９５）は九州大学の研究所から設立された会社だ。この会社は昼夜、天候によらず観測できる衛星を飛ばし、災害や有事の際にも常に宇宙からデータを送るといった技術を持っている。

面白いのは、船舶の航行状況を確認し、効率的かつ安全なルートの分析や特定の車に限定して行動を分析することができる。また、人の動きや数を分析して土地や建物の真の価値を算出したり、Ａ・Ｂ両地点で同じイベントを実施した場合の人の流れや経済状況の違いを可視化するなど、経済行動学の分野まで可能にしている。

将来的には、ＡＩを使って交通状況から、その国・地域の経済を予測したり、農作物の生育具合から先物市場での価値を予測したり、地上カメラと連動して町全体のセキュリティシステムを構築したりと、**気候、市場、経済データを組み合わせて未来の状況を予測する**ことも可能になる。

ＱＰＳ研究所は、２０２３年12月に東証グロースに上場している。公開当時の株価は８００円ほどだったが、一時は５０００円近くまで値を付けている（２０２４年７月１日の株価は２６０３円）。

ＩＴ革命同様、技術を転用し新しいサービスを生み出した企業が価値を生み出したように、宇宙ビジネスも技術そのものではなく、それをいかにうまく活用する企業があるかというのも投資において大事な視点だ。

宇宙ビジネスは、人類にとって様々な活路を与えてくれる大変化なのである。

では最後に、私たちにとって宇宙は身近な存在になるのか、そして米国が本気で取り組んでいる事象に触れておこう。

Q25 以下の見出しから宇宙についての未来をどう想像できるだろうか？

・はやぶさ2、宇宙でRNA原料初確認（2023年3月22日）
・日帰り宇宙旅行に弾み　ヴァージン社が成功、米2社目（2023年7月1日）
・「米当局、UFO隠蔽《いんぺい》」（2023年7月5日）
・UFOなどの未確認空中現象　米有力議員「情報開示を」（2023年7月19日）
・米、UFO情報サイト　機密以外の写真・動画公開（2023年9月2日）
・NASA、UFO研究役職（2023年9月15日）夕刊
・地球外生物に迫る人類（2024年1月5日）
・安保の観点でUFO議論　超党派議連が発起人会（2024年5月29日）

2020年12月6日、小惑星探査機「はやぶさ2」が帰還した。このときの様子を記憶している人も多いだろう。プロジェクトの成功に日本人の多くが歓喜したが、このプロジェクトの目的は、小惑星りゅうぐうから採取したサンプルを分析することだった。

2023年3月の記事は、そのサンプルから生命の遺伝情報を担うRNA（リボ核酸）を発見したというものだ。もちろん、宇宙で採取した試料での確認は初めてのことで、生命誕生と関係のあるRNAが発見されたことで、地球上に落ちてきた隕石《いんせき》から生命が誕生した可能性が高まったという後押しとなったということを意味している。

これで宇宙空間でも光や熱などの条件がそろえばRNA原料が合成反応されることが証明されたことになる。言い換えれば、**宇宙でも地球外生命体が存在してもなんら不思議ではない**ということだ。

こうした知的生命研究は約9カ月後の「**地球外生物に迫る人類**」という記事で報じられた。太陽系内で地球外生命体を探す計画が続々と誕生しているのだ。米中日それぞれの国で火星の土壌を持ち帰る計画が進行しているほか、欧州が木星の衛星等を目指す探査機を打ち上げており、米国のNASAもこれに追随する。さらには土星の衛星「タイタン」へ向け、2030年代には着陸探査を行う。宇宙開発はもはや月を常識とし、さらなる広がりを見せているのである。

そして、知的生命研究は新段階を迎えている。今や地球外生命体が存在することを疑う人はいないだろう。さらにこの記事では、ＵＦＯの歴史まで書かれている。あの日経新聞が大真面目《おおまじめ》にＵＦＯについて言及しているのだ。

米国では１９４７年にＵＦＯを目撃したという証言から「空飛ぶ円盤」という呼称が広まり、米軍が〝宇宙人〟の死体を回収し隠蔽《いんぺい》しているといった「ロズウェル事件」が発生した（１９４７年７月）。１９６０年には世界初の地球外生命の探査計画が始動、２０２２年には米国がＵＦＯの科学的調査を本格的に開始するに至っている。

これにより、米国ではにわかにＵＦＯをめぐり論争が繰り広げられるようになった。それが**『米当局、ＵＦＯ隠蔽』「ＵＦＯなどの未確認空中現象　米有力議員『情報開示を』」**といった記事である。

そもそも未確認飛行物体をＵＦＯ、未確認異常現象をＵＡＰと呼んでいるが、これら２つの情報に関して米政府が隠蔽しているということが元米政府関係者により内部告発されたのだ。

米有力議員によると、防衛請負業者は数十年にわたり墜落や着陸した物体の破片を回収し、その材料や構造、性能を解析してきたという。それらは地球外の物質であり、パイロットの遺体（＝宇宙人）も発見されたと証言している。

記事9・10　宇宙人は存在している

地球外生命に迫る人類

太陽系内外に有望天体
探査高度化　大発見に期待

地球外生命に迫る新たなプロジェクトが米国を中心に動き出す。太陽系の内外で生命が存在しそうな天体が多数見つかっており、最新の探査・観測技術を駆使すれば確かな証拠を得られる可能性がある。発見に至れば、生命や宇宙に関する人類の考え方を揺さぶる成果となるのは間違いない。

地球の生命を育んだ「母なる海」は太陽系内のほかの星にも存在している可能性が高いことが研究から分かってきた。米航空宇宙局（NASA）は10月、氷が覆う木星の衛星「エウロパ」に向けて探査機「エウロパ・クリッパー」を打ち上げる。

エウロパは海や生命の兆候を示す証拠が、近年の観測でそろってきた。2010年代に水蒸気が間欠泉のように噴き出す姿をNASAが捉えた。

地下は地熱の影響で液体の水が豊富にあると考えられている。探査機でエウロパの上空から噴き出す水を詳細に分析すれば、生命の存在を示す物質を発見できるかもしれない。

23年9月には新型の宇宙望遠鏡「ジェームズ・ウェッブ」で二酸化炭素の存在も初めて確認された。地球上の生命活動に不可欠な炭素、液体の水の両方の条件がそろった。30年ごろを見込むエウロパ・クリッパーの探査への期待が高まる。

木星の衛星では、エウロパを含む3つの天体を31年以降に調べる欧州主導の計画「JUICE（ジュース）」の探査機も23年4月に打ち上げられた。米欧双方の探査機が同時期に探査に挑む。

エウロパと同じ「氷衛星」と呼ばれる種類の天体は土星にもある。その一つ「エンセラダス」も水蒸気の噴出が確認されている。23年には東京工業大学などのグループが生命に必須のリンが水に多量に含まれるとする新たな論文を英科学誌ネイチャーに発表した。

土星圏では別の衛星「タイタン」も生命存在の可能性が指摘されている。窒素を含む大気があり、液体のメタンが安定して存在し、海や湖を形成している。NASAの探査計画「ドラゴンフライ」は28年に探査機を打ち上げ、30年代半ばの天体着陸を目指す。

太陽系の地球外生命探しで長く本命視されてきたのは火星だ。かつて地球と同じように地表に液体の水があったとみられ、現在も地下に存在する可能性がある。米国や中国は30年代に土壌の試料をそれぞれ地球に持ち帰る計画を立てている。

日本は火星の衛星「フォボス」の土壌を地球に持ち帰る計画「MMX」の探査機を26年度に打ち上げる。31年の帰還が見込まれ、米中よりも早く火星圏からの試料の持ち帰りを目指す。

「はやぶさ2」が持ち帰った小惑星「りゅうぐう」の試料の分析結果に続き、宇宙に生命が誕生したメカニズムの解明に近づく成果が得られる可能性がある。

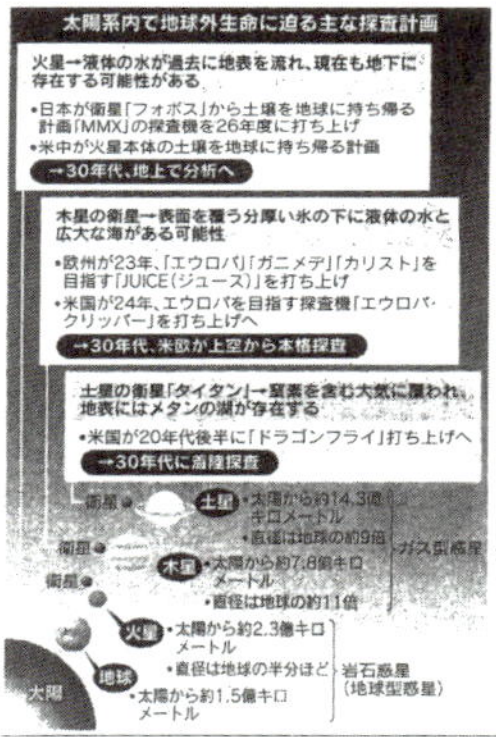

惑星5500個超見つかる

地球からは遠い太陽系外の生命探しも可能になりつつある。太陽などの自ら輝く恒星と違い、遠くの惑星は暗くて見つけるのが難しいが、観測技術の向上で太陽系外で探せるようになった。NASAによると、1992年以降5500個超が見つかり、毎年増え続けている。

系外の生命探しで強力な武器となるのが、宇宙空間に浮かべる宇宙望遠鏡だ。NASAは2022年に世界最大のジェームズ・ウェッブ宇宙望遠鏡（JWST）を稼働させた。すでに地球から約1350光年離れたオリオン星雲で生命の発生に関わる可能性がある分子を見つけるなど成果をあげている。ただ、性能上、太陽系外で地球のように生命がいそうな惑星を見つけるのは難しいとされる。

生命探しの観測対象となる惑星は、主星の星から適度に離れ、地球のように水が液体で存在するハビタブルゾーン（生命居住可能領域）にある。従来の望遠鏡では、主星と惑星が重なって区別できなかった。主星が明るく、惑星が隠れて見えない課題もあった。

23年秋、NASAは次世代宇宙望遠鏡「ハビタブル・ワールド・オブザーバトリー（HWO）」の検討チームを立ち上げた。40年代前半の稼働に向け[illegible]める。「太陽系外に生命が存在するのかという究極の問いに、人類は初めて答えられる」。検討チームに参加する大阪大学の住貴宏教授は意義を強調する。

HWOは数百個の恒星の近くを調べて、地球のような惑星を見つける。そのうち25個程度について大気を詳しく調べ、酸素など生命の痕跡を探す。一定数の惑星を調べれば、宇宙全体にどの程度生命がいるのか推論も可能になるという。

目標達成のために過去最高の「視力」の獲得をめざす。JWSTに比べ、空間分解能は約4倍、感度は約10倍の水準だ。

地球型惑星を見分けるため、主星の光を隠し、その周りを観測する機能を高める。稼働するには[illegible]が必要となる。主星の光を遮る構造物を望遠鏡の前に置く案もある。

望遠鏡の修理ではロボットが「現地」に行く構想も持つ。宇宙望遠鏡は数年単位で機材が壊れることもあるが、自動修理によって運用期間は25年程度を見込む。HWOの予算は110億ドル（約1兆6000億円）の予定で、JWSTの100億ドルと同等の規模になる。

日本は望遠鏡に搭載する観測装置の一部を提供する検討を始めた。国立天文台の宮崎聡教授は「日本の若い世代のために汗をかきたい」と話す。

JWSTやその前のハッブル宇宙望遠鏡では、日本は国際協力の枠組みに参加できなかった。日本が貢献できるかも注目される。

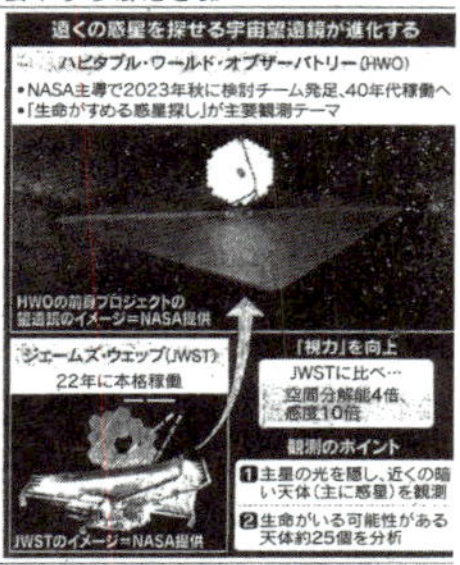

2024年1月5日　日本経済新聞朝刊

UFOなどの未確認空中現象
米有力議員「情報開示を」
下院で公聴会開催へ

【ワシントン＝赤木俊介】米国で未確認飛行物体（UFO）など「未確認空中現象（UAP）」をめぐる議論が盛り上がりを見せている。民主党上院トップのシューマー院内総務らがUAPに関連する情報の開示を連邦政府に要求する修正法案を発表し、7月26日には下院監視委員会がUAPについての公聴会も開く予定だ。

シューマー氏は14日、声明で「何十年にもわたり米国民はミステリアスで奇怪な物体に魅了されてきた」と説明。「我々は政府がこれまで収集し、公開しなかった情報を公にするため尽力する」と述べた。議会が修正案を可決すれば、現在連邦議会で審議している24会計年度（23年10月～24年9月）の国防権限法案に盛り込まれる。

修正案には「連邦政府が未確認異常物体に関する情報を開示する義務を負っている可能性が信頼できる根拠や証言から浮上した」と記載した。6月には元米政府関係者がUAPに関わる情報が米政府により違法に隠蔽されていると告発していた。

下院監視委員会のバーチェット下院議員は17日、同委員会がUAPや連邦政府による情報の隠蔽をめぐる公聴会を開くとツイッターで発表した。マッカーシー下院議長は同日、報道陣に対し「（公聴会で）どういった情報や事実が明らかになるか楽しみだ」と話した。

米国では航空宇宙局（NASA）や国防総省など複数の政府機関がUAPの分析と情報収集を担う。26日の公聴会にはこうした政府機関の関係者のほか、国家偵察局（NRO）でUAPの分析に携わったのちに連邦政府による隠蔽を告発したグラシュ氏が証言する可能性がある。

2023年7月19日　日本経済新聞夕刊

この発言に呼応して、民主党上院トップの議員らが、UAPに関する情報の開示を政府に要求する修正法案を発表している。下院で公聴会を開く予定をしており、UFOやUAPについて大真面目に議論されているのだ。

衝撃的なのは、**「米、UFO情報サイト」「NASA、UFO研究役職」**という記事で、まず米国防省がUFOやUAPに関する新たなホームページを開設したことだ。これにより、UAP関連の政府活動に参加した政府職員や請負業者にも情報を募り開示していくことになった。

さらにNASAがこの2つの研究を担当する新たな役職を設置したことも驚きだ。NASAのネルソン長官は「地球外のどこかに生命は存在すると思う」とし、一般市民や民間パイロットと協力し、UAPの目撃情報を収集していく方針も明らかにしている。

日本もUAP関連に関して動き出している。**「安保の観点UFO議論　超党派議連が発起人会」（2024年5月29日）**という十数行の短い記事であるが、これは米国が国防総省に専門組織を立ち上げたのを踏まえ、日本でも同様の対応を求めたものだ。

7月には超党派議員89人が元防衛大臣の浜田靖一《やすかず》氏を会長、小泉進次郎氏を幹事長として「安全保障から考える未確認異常現象解明議員連盟**（通称「UFO議連」）**」を立ち上げた。メンバーには元防衛大臣という立場から石破茂新首相も参加している（本書は２０２４年７月までの日経新聞記事を取り上げているため、石破氏については言及しない）。

日本も国防という立場からＵＡＰ関連が真面目に議論されるようになったのだ。

こうした動きがあるということに関して、私がそう思わざるを得ない根拠が２つある。

まず１つ目はコンドラチェフサイクルだ。

米国で世界初の地球外生命の探査計画が始動したのは１９６０年のことである。これが約60年の時を経て、いま〝宇宙人〟を公開しますと言ってもおかしくはないと考えているくらいだ。私はあの当時から、すでに〝宇宙人〟の存在があったと思っている。

２つ目の根拠が、**「日帰り宇宙旅行に弾み」**という記事だ。米国は２０２２年にＵＦＯの科学的調査を本格的に開始しているが、それは地球外生命体の存在が隠し切れないところまできてしまったからだ。

２０２１年12月、ＺＯＺＯＴＯＷＮの創業者、前澤友作氏が民間の日本人として初めてＩＳＳ（国際宇宙ステーション）に滞在したことは記憶に新しいだろう。この記事でも、米ヴァージン・ギャラクティック社が同じ米ブルーオリジン社に続き2社目の商業宇宙旅行を成功させたことが書かれている。

こうした成功例により、宇宙旅行のコストは10年後には1人数百万円になり、一般人にも手が届く値段になる可能性も出てきた。誰でも宇宙旅行ができる時代もそう遠い未来ではないということだ。

となれば、宇宙空間においてUFO（すでに未確認ではなくなっているが）を見たという人が現れれば、それは正真正銘の本物ということになる。それであれば、UFOも〝宇宙人〟の存在も隠す必要性がなくなってしまう。

だからこそ、今のタイミングで情報の開示がされていくということなのだ。これまでミステリアスに覆われてきた謎として存在した宇宙は、すでに映画のようなSFの話ではなくなっている。

宇宙旅行というサービス業もこれからますます注目されていくだろう。人類が実際に月に行けるようになり、月で生活するための昆虫食のようなものが主流になってくる世界がやってくるかもしれない。

こうした新しいものを生み出す企業が出てきたら、マーケットも大きく変わっていくだろう。ただし、株式そのものがなくなる世界になるかもしれないが……。

記事で取り上げられている株とその関連株

●ispace（9348）　●タカラトミー（7867）　●ソニーグループ（6758）
●三菱電機（6503）　●明星電気（6709）　●三菱重工業（7011）
●シャープ（6753）　●古河電池（6937）　●IHI（7013）
●イーグル工業（6486）　●ニチダイ（6467）　●川崎重工業（7012）
●東レ（3402）　●UAJC（5741）　●NEC（6701）
●日本航空電子工業（6807）　●アストロスケール（186A）
●日東製網（3524）　●QPS研究所（5595）

第4章

日経新聞から
政治経済の大局を読む

The unique "NIKKEI" reading to
search Ten-bagger

chapter : 4

日経新聞を読むにあたって、世の中の変化からマーケットの動向を読み解くことは投資にとって重要なことであるが、もう1つ押さえておきたい点がある。それは**日本・世界の政治がどのような流れに向いているか**ということだ。

これは言ってみれば大局観のようなもので、政治によって時代がどう変わっていくかをつかんでおかなければ、その後に影響する経済の流れが見えてこないからだ。そういった意味で、世界は今どう動いているのかを知ることは、ひいては日本の行く末にも影響してくるがゆえに欠かせないと言っていい。

この章では、世界や日本が抱える問題から世の中のうねりのようなものを感じ取っていただければと思っている。

日本の国力を担う「少子化問題」と「移民政策」

まず理解しやすいであろう日本の問題について考えてみよう。

今、日本が揺れ動いている問題は、おそらく「少子化」であろう。日本の人口減少は、インドの人口が世界一になったという記事でも軽く触れたが、団塊世代が高齢化を迎え、日本の世代人口は逆ピラミッドのような形になっている。これは世界でも稀《まれ》なケースであり、未来の働き手である労働者人口も減っていく。

厚生労働省の予測では、２０２４年１月現在の労働者数約６７００万人から２０４０年には20％減少するとされている。単純に計算すれば５３６０万人になる。

インドが経済成長を遂げているのは何より人口増だ。労働人口が増えればＧＤＰが伸長し国力を押し上げる。つまり、日本はその逆で、高齢人口が増えて労働人口が減っていくということだ。

日本はこうした現象を知りつつも少子化問題の糸口をつかめないまま失われた30年を過ごしてきた。もし、この問題を喫緊《きっきん》に解決できたとしても、２０４０年は、その子どもたちは労働人口として働く年代には満たないのだ。

昨今の企業の人手不足は、もはや外国人労働者なくしては成り立たない。現にコンビニは外国人が労働の中心となっていると言っていい。重労働の世界においてもそれは同じだ。将来的にはＡＩに取って代わるかもしれないが、アナログ的な部分では人材は必要不可欠だろう。

Q26 安倍政権後の日本が移民政策について変化を迎えることは何であろうか？

・「準難民」受け入れ　改正入管法成立（2023年6月9日）
・外国人材、製造・外食も　特定技能の長期就労拡大（2023年6月10日）
・移民解禁の余地生む　安倍派支配の後 外国人政策（2023年12月26日）
・安倍派の池田議員逮捕（2024年1月8日）
・安倍派・二階派解散へ（2024年1月20日）

日本にとって労働者の確保は急務であり、それは外国人で補うしか、現状では道は残っていない。そこで問題となっていたのが**「移民受け入れ」**である。

そして2023年6月、ついに出入国管理法（入管法）が改正された。この改正はウクライナ問題を受け、紛争地から逃れてきた人を「準難民」として受け入れることが主題だが、大きな変化は「移民受け入れ」であった。

特定技能の分野が拡大し、これまで以上の外国人労働者を確保する道が開けたからだ。特定技能とは、在留期間に上限を持たない業種で、これまで建設、造船・船用工業、介護に限られていたが新たに9分野が加わり、特筆すべきは記事の見出しの通り製造業や外食産業が追加されたことだ。これにより、外国人の定住への門戸が広がったことになる。

いっぽうで、不法滞在者の扱いの厳格化だ。これまでは難民認定を申し出ると本国への送還手続きを止める制度であったが、繰り返し難民申請を行い日本での滞在を延長する外国人が問題視されてきた。この条件を厳しく定めたのが、**これまでの安倍政権、自民党の遺産**である。

安倍氏は外国人政策に関しては「いわゆる移民政策をとることは考えていない」と強調していた。政権下の2018年の法改正で新設した3分野の特定技能に関しても、当時の菅《すが》官房長官の働きかけにより法整備されたものだ。その後、安倍氏は特定技能のこれ以上の拡大は右からも左からも攻撃されるとして政策転換を拒んでいたのである。

それが、安倍氏暗殺によって風向きが変わった。2022年7月に亡くなり、菅政権を挟んでの1年後、岸田政権による２０２３年6月の入管法の改正である。岸田首相は同年7月に「外国人と共生する社会を考えていかねばならない」と発言しているが、これは入管法改正の流れに沿うものだ。

こうした流れは、安倍支配が消えたことに連動している。安倍氏が亡くなったのが２０２２年７月、その半年後の11月に「しんぶん赤旗」が自民党裏金問題をスクープ、さらにその半年後の２０２３年６月に入管法が改正されている。

そして、その半年後の11月には、各メディアが裏金問題を表面化した。日経新聞が移民解禁の余地として12月26日に**「安倍派支配の後　外国人政策」**を論じたのは偶然ではない。なぜならば、最後の２つの記事が決定打だからだ。

翌年の１月７日、裏金問題で安倍派の池田佳隆議員が東京地検に逮捕された。これを受け1月19日には安倍派・二階派が追い込まれ解散するという異例の事態を迎えたのである。

つまり、安倍氏が頑《かたく》なに拒んできた移民受け入れ問題は幕を閉じ、**開放路線へと大きく舵《かじ》を転換した**ということなのである。実際に、特定技能に関しては新たに拡大が検討されている。製造、外食に続き、運送や鉄道などもこれに加わろうとしている。

安倍晋三氏と移民問題

2022年	7月 8日	安倍晋三氏暗殺
	11月 6日	「しんぶん赤旗」自民党裏金問題をスクープ
2023年	6月 9日	入管法改正成立
	7月22日	岸田氏、外国人と共生発言
	11月	自民党裏金問題表面化
	12月26日	日経新聞「移民解禁の余地生む」
2024年	1月 7日	安倍派池田佳隆議員、逮捕
	1月19日	安倍・二階派解散
	2月 4日	安倍晋三氏の母、洋子氏死去

この条件が満たされれば、これからはバスやタクシーの運転手も外国人になり、電車の車掌、運転士までも日本人に取って代わる時代がくる。日本は外国人労働者待ったなしの国なのである。

結果的には、私は日本経済にとってはプラスに働くと思っている。ただし、移民が増えれば犯罪も増えるというのはたしかにあるだろう。私は外国人が増えている割には犯罪は少ないと思っているが、一部の犯罪がマスコミに取り上げられれば、それが大多数に感じてしまうのは当たり前のことだ。

こうした日本人の感情を考えると、防

犯やセキュリティーを高めようという気持ちが醸成されていく。まずはセコム（９７３５）やＡＬＳＯＫ（綜合警備保障：２３３１）などが思いつくだろう。そこへいくと、防犯用、自動ドアなど各種センサー大手のオプテックス（オプテックスグループ：６９１４）という会社がある。この会社は暗闇《くらやみ》でも人を感知できるセンサーを製造しているが、猫が通っても大丈夫で、人しか感知しないセンサーだ。

そしてもう１つ、移民による変化は「食文化」から始まるのではないだろうかと頭をめぐらせている。というのも、面白い記事を発見したからだ。

・日本人の祖先、大きく3系統か　理研がDNA解析で新説（2024年4月18日）

理化学研究所は３０００人以上の日本人のゲノム（全遺伝情報）データを解析し、その結果を米科学誌に発表した。それによると、これまで日本人の祖先は縄文人と弥生人という２つの系統が従来の説であったが、**「縄文系・関西系・東北系」の遺伝情報に分かれているこ**とが分かったというものだ。

詳しくは理化学研究所のホームページを参照していただきたいが、「縄文人の祖先集団、北東アジアに起源を持ち弥生時代に日本に渡ってきた集団、そして東アジアに起源を持ち古墳時代に日本に渡ってきた集団の3集団の混血により日本人が形成されたという説」があるのだ。

そうだとすると、日本人は単一民族ではなく混血により形成されているということが分かる。養蚕《ようさん》や酒造りなどの技術は関西系が入ってきて、そうしたところから食文化も混ざって今の日本食に至っているのではないだろうか。

つまり、日本もかつて移民の歴史があり、移民を受け入れて現在の日本になったのである。だから、外国人が日本にやって来れば、**一番受け入れやすいのは食文化**だと思っている。

そもそも日本の食文化は独特だ。カレーライス、とんかつ、ラーメン、餃子《ギョウザ》……など、もはや元々食されている国を超えて、現在では外国人旅行者が好んで食べるほどだ。とにかく日本人は料理をアレンジして新たなものにしてしまうのが得意な民族だ。

移民から食文化へ。まずはそこから始まり、移民がこの国に変化をもたらすのではないかと想像している。

世界の富は誰が握っているのかが見えてくる驚愕的な数字

投資の世界において、マネーの流動を読み解くことは重要だ。これは日本の株式市場にマネーが流れ込めば相場が上がり、流出すれば下がるといった相場の大局的なものであることはお分かりいただけるだろう。

そうした大きな流れはいったいどこからくるのか。というよりも、この流れは誰によって作られているのか。その存在は明らかにされていないが、それを想像できる記事が日経新聞から見て取れる。

Q27

以下の2つの記事から、世界のマネーの存在が分かるだろうか?

・**印リライアンス円滑承継を狙う**（2023年11月17日）

・**世界で増える運用資産**（2023年11月25日）

世界で人口が1位になったインドであるが、この国の成長は著しい。それは人口だけではなく、GDPの見通しを見ても明らかだ。

・インドGDP日本超えへ　26年（2023年11月10日）

国際通貨基金（IMF）によれば、インドのGDPは2026年に日本を抜いて世界第4位となる見通しで、さらに2027年にはドイツも抜いて、米中に次ぐ第3位のGDP国となるという。

日本のインド経済研究所が主催したシンポジウムでは、黒田前日銀総裁が、経済の中心は中国からインドに移り、30年後には世界最大の経済大国になるかもしれないと語っている。このインド経済をけん引しているのが**インド三大財閥**である。

多くの人が知っているのはタタ・グループであろう。このタタを筆頭に、インドではリライアンス・インダストリーズ、アディティア・ビルラ・グループという3つの財閥がある。財閥とは、家族または同族によって出資された親会社が中核となり、それが支配する子会社などに経営させている企業集団、いわば家族を頂点とした企業グループだ。

その中のリライアンス財閥について書かれているのが今回の記事で、石油化学、小売、デジタル事業など会長の実子3人が後継者になるといったことが掲載されている。しかし、注目すべきはこの財閥の総資産である。

リライアンスのムケシュ会長の総資産は、この記事の時点で881億ドル（約13兆円）、インド首位であり、世界全体でも13位という資産を誇る大富豪である。

いっぽう、もう1つの記事は、資産運用業界が激動期に入ったとし、変動の激しい融資や投資銀行から安定収益が望める富裕層ビジネスに転換してきたことを伝えている。

それは、数百万ドル以上保有する世界の富裕層の合計資産が、現在の130兆ドルから、2030年には230兆ドルに急増するとの推計だ。

さて、ここまでの2つの記事の内容はご理解いただけたかと思う。では、ここから何が類推できるだろうか。

世界13位の富豪の資産と、世界の富裕層の富の額をじっくり比べてみてほしい。

「世界13位の資産＝13兆円」「世界の富裕層の資産＝130兆ドル→230兆ドルへ」ということが分かるだろう。そう、世界の富裕層資産は「ドル」なのだ。正確に比べると、

「881億ドル対130兆ドル」で、130兆ドルは2京円以上ということになる。

つまり、13兆円はその1％にも満たない。**世界13位の資産が1％に満たないということは、その上はいったいいくらくらいなのか想像を絶する額**ということになろう。少なくとも世界1位の資産は2000兆円を超えるレベルでもおかしくはないし、個人ではなくファミリーで見ればもっと巨額になっている可能性もある。

では、上位12人はいったい誰なのかという疑問が残る。それがまさに「実質支配者」と呼ばれる存在である。この支配者層は、陰謀論者がよく使っている「ディープステート（闇の政府）」と呼ばれたりする人たちである。そして、その巨額な金とメディアを支配している彼らと戦う姿勢を示したのが、ドナルド・トランプなのである。

米国は変わるのか。国をけん引していくZ世代の祈り

私は日経新聞を読む際に世の中の事象をジャンルごとに分けてまとめているが、米国に関しては「政治、社会動向」を個別にまとめている。それは日本の政治経済が直接的に影

響する国であり、また世界にとっても影響力の大きい国でもあるからだ。

もちろん、日経新聞紙上においても米国の動向は欠かせないものであり、多角的視点から取り上げている点からも動向がつぶさに分かる。米国から世界を見るという視点は、大局観を養うのと同時に投資における感覚を磨くのに役立つことは、誰もが異論のないところであろう。

さて、先ほどディープステートに戦いを挑んでいるトランプ氏の話をしたが、今、米国は世論が揺れ動いている。それはトランプ氏が掲げている「米国第一主義」か否かもそうであるが、貧富格差、民族格差、世代間格差など、今まさに時代の転換期を迎えている。

Q28 米国が迎えているのはどんな局面なのだろうか?

・「投票の力」信じる世代　ひずみの連鎖絶つ決意（2023年12月7日）
・24年、世界で大型選挙（2024年1月4日）
・10大リスク「米分断」1位（2024年1月9日）

・トランプ氏「米国第一」で人選(2024年2月8日)
・米の未来 Z世代左右 有権者17%4000万人を争奪(2024年5月1日)

2024年は世界各国で大型選挙がある選挙イヤーだ。この原稿を書いているさなかでも、台湾総統選挙、ロシア大統領選、韓国総選挙、インド総選挙などが終了している。詳しくは割愛するが、残されたのは最大の選挙、**米大統領選**である。日本の岸田首相もこの年を「これからの10年を決める1年になるかもしれない」と言っているくらいだ。

米大統領選がいかに重要な鍵を握っているのかというのは、この国のリスクが共和党政権になるか民主党政権になるかで世界全体を左右するからである。

国際政治学者のドイツ系アメリカ人のイアン・ブレマー氏は、2024年1月8日に世界の「10大リスク」を発表している。これによると、この年最大のリスクが「米分断」とし、「バイデン、トランプ両者ともに大統領にふさわしくなく、どの国よりも機能不全となり弱体化に直面する」と述べている。

しかし、いっぽうで米国を変えていくだろう萌芽《ほうが》も生まれている、それが**「Z世代」と呼ばれる若者たち**だ。Z世代とは1997年以降に生まれた11～26歳の世代で、27～42歳のミレニアル世代（Ｙ世代）、43～58歳のＸ世代とは異なり、デジタルネイティブ世代としてＳＮＳからニュースを拾い、身近な社会問題でネット上の仲間と共感する新世代の若者たちだ。

彼らは見出しにあるように、投票の力を信じる世代でもある。ＳＮＳなどからニュースを拾っていると、そこには陰謀論も含めてすべてがあらわになっている。彼らはそこで取り上げられている言動や動画を見てすべてを自分で判断する。

Ｘ世代では、たとえばＮＨＫが流しているニュースは正しいと判断する世代だが、彼らは鵜《う》呑《の》みするのではなく、それも含めて自分で考える世代なのだ。とりわけ、人種や性の多様性、環境問題への意識が高い。

今回の大統領選では、**両党ともにＺ世代を取り込もうという動きが活発化**している。この世代の有権者は年齢的にはまだ半分で２０２４年で全体の２割だが、２０２８年の選挙時には３割を占める。

つまり、米国のキャスティングボートを握るのはＺ世代なのだ。デジタルネイティブである彼らは頭が切れていて判断力も鋭い。日経新聞にそれを示すような記事が掲載されている。

・米の13歳、テトリス「攻略」　処理能力を超える点数（2024年1月5日）

これは13歳の少年が、過去には人工知能（ＡＩ）でしか起きていなかったレベルを超えてテトリスを攻略したという記事だ。人間ではレベル29が限界とされてきたが、なんとこの少年はレベル１５７に達し画面が止まってしまったのだ。むろんこれは世界初の偉業である。

ＳＮＳを駆使する彼らにとっては、米国が置かれている大統領選の状況だけではなく、世界がどうなっているのかといった仕組みが見え始めている。彼らはブレマー氏の米分断というリスクにうさん臭さを感じながら、自分たちで国を変えられるといった「投票の力」を信じているのだ。

イスラエル・パレスチナ衝突で米大統領が対立。反ユダヤ主義が世論を変える

イスラエルのガザ地区侵攻は今や遠い国の話ではなくなっている。その動向の一挙手一

投足がメディアのみならずＳＮＳで拡散され、現実に何が起こっているのかを世界中の人々が凝視するようになった。

２０２２年11月１日、イスラエルの極右政党リクードと右派連合が過半数を獲得した総選挙の結果を受け、12月29日にネタニヤフ政権が誕生した。２０２２年11月３日の日経新聞では、「ネタニヤフ派 過半の公算 対パレスチナ 強硬回帰も」とネタニヤフ返り咲きを記事にしているが、パレスチナのイスラム過激派に強い姿勢で臨むと主張する彼の発言は現実と化す。

２０２３年10月７日にイスラム過激派集団ハマスのイスラエル領内侵入、大量殺戮《さつりく》と人質拉致《らち》によりガザ地区空爆が開始されたのだ。このときからこの本を執筆している今でも、イスラエル対パレスチナの問題は世界を２分するほどの事態を生み出している。

この構図は、連日報道される日経新聞の記事で多角的な視点から読み解くことができる。そして、この度の米国大統領選もこの渦に巻き込まれている。

Q29 イスラエル対パレスチナにおいて明るみになったことは何だろうか？

・イスラエル、西岸を急襲　軍事作戦、過去20年で最大規模か（2023年7月5日）
・ガザ衝突、世界でデモ拡大　8割「パレスチナ支持」（2023年11月18日）
・民主支持者「反撃過剰」5割　バイデン氏、イスラエル寄りの姿勢後退（2023年11月22日）
・イスラエル支持ドイツに揺らぎ（2024年3月28日）
・イスラエル誤算　国際社会で孤立　米大統領、支援見直し警告（2024年4月6日）
・全米で反イスラエルデモ「金門橋」は一時封鎖（2024年4月16日）
・イスラエルへの抗議、全米拡大　コロンビア大で100人逮捕（2024年4月20日）
・米大学デモ、世界に飛び火（2024年5月7日）

イスラエルとパレスチナは、イスラエル建国よりずっと争われている問題ではあるが、今回のガザ空爆以降、世論は一変している。

これまでもハマスによるテロは続けられていたが、パレスチナ強硬派ネタニヤフ首相は、

２０２３年７月３日、パレスチナ自治区ヨルダン川西岸地区ジェニンを急襲した。ドローンが空爆し、１０００人以上の地上部隊が展開する大規模な攻撃であった。

これは１９６７年の第３次中東戦争において占領したこの地区に、ユダヤ人が移り住んだ「ユダヤ人入植地」がある。それが年々増えて、現在では60万人を超えており、ネタニヤフ首相はこの入植地を拡大する方針を示していた。

入植地拡大には、イスラエルの人口増加という背景がある。東京新聞に**「出生率先進国一のイスラエル　統計押し上げるユダヤ教超正統派」（２０２３年８月10日）**という記事がある。日本では考えられない2・47という高い出生率なのだが、旧約聖書には「産めよ、増えよ、地に満ちよ」という記述があるように、子どもは多ければ多いほどよいという考え方がある。

そのイスラエルの中でも、ユダヤ教の戒律と伝統を守る「ユダヤ教超正統派」と呼ばれる人々がおり、彼らに限れば出生率は６・64に達している。しかし、超正統派の男性は一生を宗教に捧げるため、就職はせず大家族で暮らす。そのために貧困率も高い。

ネタニヤフ首相にとって、イスラエルを守ることはユダヤ教を守ることであり、その戒律に従って生きる超正統派の保護は極右政権としての大義名分なのだ。

そして、イスラエルの攻撃がハマスの制裁となる2023年10月7日のイスラエル侵入へとつながっていく。この攻撃で米国人11人が死亡、複数が人質としてガザ地区に拉致《らち》された結果、バイデン政権はイスラエルへの協力を表明した。当時の米国民も反パレスチナへと世論が染まっていく。

しかし、イスラエルの度重なる空爆で死者が増え、その65％が女性や子どもという現実に、**世界は反イスラエルへと傾いていく**のである。

イスラエルの非人道的な攻撃に対して、世界でデモが拡大し、8割がパレスチナ支持へと変わった。ユダヤ人迫害の歴史から贖罪《しょくざい》意識を持つドイツの半数もイスラエルを批判し始めたのだ。それは米国でも同様で、反パレスチナから反イスラエルへ、そして**「反ユダヤ主義」**へと一変してしまったのである。

こうした世論の高まりに、イスラエル支持を続けていたバイデン政権はイスラエル一辺倒の姿勢を後退せざるを得なくなった。2023年11月22日**「バイデン氏、イスラエル寄りの姿勢後退」**という記事だ。

まさに大統領選の年、米国の若者に広まった反ユダヤ主義デモにより離反を警戒しての姿勢である。民主党支持者もイスラエルの攻撃が過剰だとする声が5割に達し、イスラエルの戦費のために金を集めてきた政権に影を落としてしまったのだ。

そして、記事には決定的なことが書かれている。「ユダヤ系米国人は米人口の2％ほどでも米政財界に大きな影響力を持つとされる。歴代の米政権はイスラエルの有事で一貫して寄り添ってきた」とあるが、これがユダヤ主義の構図なのだ。


私はかつてのクリントン政権やその後のブッシュ政権を調べたことがある。クリントン政権のとき、彼がやった「情報スーパーハイウェイ構想」で株価はＩＴバブルでピークを迎えた。次のブッシュ政権では資源を押さえるということで戦争になり資源株が上がった。

今のバイデン政権の４年間というのは、ある意味、戦争相場であって、ウクライナ、イスラエルときて防衛関連株が世界的にも上昇している。こうした株価上昇は政治を操るユダヤ系米国人にほかならない。

これに異を唱えているのがトランプ氏である。東京新聞の**「トランプ氏　独走変わらず政敵らへ『報復』狙う？」（2023年12月15日）**には、ディープステート（闇の政府）を解体し、フェイクニュースを報じるメディアを根絶やしにすると発言している。

彼の言う、フェイクニュースを操り、政界に影響力を持つ存在が一連の新聞記事から見えてこないだろうか。

両国の衝突が起こってから半年、ついにバイデン大統領はネタニヤフ首相に支援の転換を迫るに至った（2024年4月6日記事）。死者はパレスチナ人3万3000人以上にのぼり、ガザ地区75％にあたる170万人以上が家を追われる事態にまで拡大していたからだ。

米国人が犠牲になったことを受けてイスラエルを支持していた国民を、イスラエルを支持しない国民が上回ったのである（米調査会社ギャラップによる）。

事態は2024年4月になっても広がり続けた。15日には反イスラエルのデモでカリフォルニア州にあるゴールデンゲートブリッジ（金門橋）が封鎖された。参加者は、税金がイスラエルの武器提供に使用されていることや米航空機大手のボーイング社が武器を提供していることへの抗議だ。

18日には、コロンビア大学では学内で抗議活動を続けていた学生100人が逮捕された。彼らは大学側にイスラエルにつながりのある企業との関係を断つように求めていた。

デモの抗議は、イスラエルと関係のある企業、いわゆる「ユダヤマネー」に異が唱えられたのである（その後、コロンビア大学初の女性学長であったネマト・シャフィク氏は、

２０２４年８月に学長を辞任している）。

そして、米国大学の抗議デモは世界の大学へと波及していく。**「米大学デモ、世界に飛び火」**では、英国のオックスフォード大学、ケンブリッジ大学、フランスの名門校パリ政治学院、カナダのマギル大学、オーストラリアのシドニー大学、メキシコ国立自治大学などで抗議デモが行われた。

もはや反ユダヤ主義は米国にとどまらず、世界的な潮流として世の中のうねりへと変化しているのである。

米国を支配するユダヤマネーに民主主義がぐらつき始めている

米人口の２％ほどのユダヤ系米国人が米政財界に大きな影響力を持つのは、彼らが保有するユダヤマネーである。彼らが巨大な影響力を持っているのは、そうしたマネーを企業に投資し支配していく構図があるからだ。

日本でも広告主である企業を叩くことができないメディア、マスコミが指摘されるが、その企業を押さえている〝広告主の広告主〟である彼らの存在は、それの比ではないだろう。

これまで世界を操ってきたユダヤ主義こそが現代の民主主義の姿であるならば、民主主義そのものも疑われていくのは至極当然であろう。

Q30 反ユダヤ主義の台頭で世界の変化をどう読み解けるだろうか？

- **「反ユダヤ」にマネーで対抗**（2023年10月13日）夕刊
- **ハーバード大学長が辞任　学内の反ユダヤ主義対応巡り**（2024年1月4日）
- **民主主義は権威主義に押され気味**（2024年1月4日）
- **ガザに揺れる芸術祭　多文化時代、コロンブスは「侵略者」**（2024年1月30日）
- **「欧米中心」に転換迫る　メルカトル地図錯覚生む**（2024年1月22日）

『反ユダヤ』にマネーで対抗」とは、ハーバード大学の資金のからくりを解説した記事だ。

日経新聞の夕刊に掲載されたこの記事は、前日のＮＹダウが１７３ドル安を受けてのもので、ボーイング、マクドナルド、ハネウェルといった株が軒並み下がっている。

こうした株安に対し、ウォール街の投資家たちのユダヤ主義をめぐっての論争が過熱したのだ。

ウォール街はユダヤ人経営者の多い地区である。彼らは反イスラエルに賛同して署名したハーバード大の学生を採用したくないということで、**反ユダヤ主義を否定しない大学への寄付をしない**と主張し始めたのである。

米国の大学は裕福な卒業生からの寄付で運用する大学基金が主要資金源になっている。この寄付の額が大きいのがユダヤ系米国人である。つまり、米大学はユダヤマネーによって運営され、〝ユダヤ系企業〟へと就職していくということだ。

つまり、「反ユダヤ」の大学は排除されるのだ。そしてついにハーバード大学長が辞任に追い込まれる。学長のクローディン・ゲイ氏は黒人として初めて学長に就任した女性である。彼女の研究テーマは「人種とアイデンティティによる政治活動」であり、まさに多様性の社会に誕生した人物と言っていい。

それゆえに、大学運営の金と反ユダヤ主義の台頭の板挟みになったことは理解に固い。

記事11・12　ユダヤマネーが米国を支配している

ハーバード大学長が辞任

学内の反ユダヤ主義対応巡り

政財界から圧力　盗用疑惑も影響

イスラエルの軍事作戦に対する評価は世代間の温度差が大きい

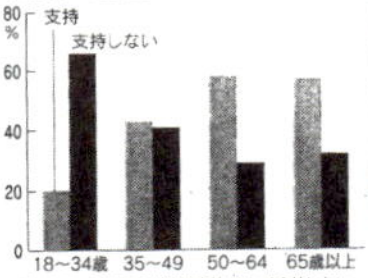

（注）イスラエル政府の対応を支持、または支持しないと答えた米有権者の割合。2023年11月9～13日集計。出所はクイニピアック大学

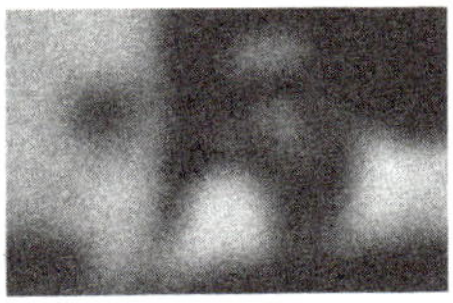

辞任を発表した米ハーバード大のゲイ学長＝ＡＰ

写真：掲載不可

【ワシントン＝赤木俊介】米ハーバード大学は2日、クローディン・ゲイ学長の辞任を発表した。自身の論文の盗用疑惑に加えて、学生らの反ユダヤ主義的な言動に対する大学の対応に批判が出ていた。

反ユダヤ主義への対応を巡っては、別の名門大の学長も辞任に追い込まれた。人道的な観点からイスラエル政府を批判する学生と、反ユダヤ主義の台頭を糾弾する政財界の間で大学が板挟みになっている。

ゲイ氏は1997年に提出した博士論文などの盗用疑惑が23年10月に浮上した。これに加え、イスラエルとイスラム組織ハマスの衝突に伴う大学内での反ユダヤ主義的な行動、発言への対応が問題視されていた。

ゲイ氏は24年1月2日の声明で「理事会メンバーとの相談を踏まえ、ハーバード大のためにも辞任が最善だと判断した」と説明した。

同大の理事会は「大学のコミュニティーと対話を重ね、後任の学長を決める」と発表した。後任が決まるまではガーバー学務担当副学長が学長代理を務める。

ゲイ氏は23年7月に学長に就任した。同大初の黒人学長として注目されたが、最短の在任期間となった。

ゲイ氏への批判が強まったのが、23年12月5日にハーバード大、マサチューセッツ工科大（MIT）、ペンシルベニア大学の学長を集めた米議会の公聴会だ。

公聴会では反ユダヤ主義など差別的な発言に対する大学のルールや、差別的な行為をした学生の処罰などが論点となった。ゲイ氏らは「差別的な行為を処罰するシステムは整っている」と主張。一方、問題視された学生らの言動に対して学内ルールに違反するとは明確に示さなかった。

こうした対応に不満を募らせた米議会の議員74人が23年12月8日、ゲイ氏を含めた3学長の辞任を要求した。著名投資家でハーバード大の大口献金者のビル・アックマン氏もゲイ氏の辞任を求めた。

別の投資家はペンシルベニア大の学長の証言を理由に計1億ドル（約142億円）の寄付を取り下げた。同大のマギル学長は23年12月9日に辞任を発表した。

2024年1月4日　日本経済新聞朝刊

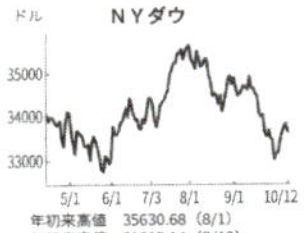

年初来高値　35630.68（8/1）
年初来安値　31819.14（3/13）

主なNYダウ銘柄の動き

上位下位３銘柄	騰落率%	終値ドル
ウォルグリーン	7.04 ↗	24.19
ナイキ	0.61 ↗	99.25
アムジェン	0.51 ↗	285.04
ボーイング	2.43 ↘	191.30
マクドナルド	1.89 ↘	246.19
ハネウェル	1.85 ↘	183.94

12日のダウ工業株30種平均は前日比173ドル安で終わった。朝方発表された9月の米消費者物価指数（CPI）が市場予想を上回り、金利高止まり観測が株式相場に重荷となった。市場ではイスラエルとイスラム組織ハマスとの衝突を受けた地政学リスクの懸念が出ている。反ユダヤ主義を巡るウォール街の投資家たちの論争が過熱し、マネーの動きにも影響しつつある。

「ハーバード大学は手紙に署名した学生の名前を公表すべきだ」。米著名ヘッジファンド投資家ビル・アックマン氏は、ハマスによる攻撃はイスラエルが自ら招いたものだとする米ハーバード大学の一部の学生団体の声明について、賛同して署名した学生の名前を公表すべきだと訴えた。

□　□

アックマン氏は企業経営者からこうした学生は自分の会社の社員に採用したくないとの指摘が相次いだのを受け、署名したハーバードの学生を採用しないようにするためという。

同大学の学長を務めた経験があるサマーズ元米財務長官は、「ハマス攻撃の直後でまだ情勢が不透明だった段階でよく考えずに突発的に声明に署名した学生の名前を公表することはちょっと行き過ぎ」とした上で、大学側がハマスの攻撃を非難する声明をすぐに発表しなかったことは間違いと指摘した。

ウォール街ラウンドアップ

「反ユダヤ」にマネーで対抗

近年、米国では反ユダヤ主義を標榜した主張や抗議活動が相次ぎ、ハマスによるイスラエル攻撃を受けてそれは一段と過熱している。こうした状況を懸念、非難する声はとくにユダヤ人経営者の多いウォール街を中心に高まっている。

反ユダヤ主義を否定しない大学には寄付しないとの主張も出た。米投資ファンド大手アポロ・グローバル・マネジメントのマーク・ローワン最高経営責任者（CEO）は、母校ペンシルベニア大学で9月に行われた「パレスチナ・ライツ文学フェスティバル」であったとされる反ユダヤ主義的な発言を学長が非難していないと批判した。

□　□

12日に米CNBCテレビに出演したローワン氏は「政治的な主張ではなくテロリズムへの非難だ」と強調。同大学が反ユダヤ主義を容認しているとの懸念を受け、学長と理事長が辞任するまで寄付を停止するよう卒業生に呼びかけた。

ユダヤ人のローワン氏自身がペンシルベニア大学ウオートン・ビジネススクールに2018年に5000万ドル（約75億円）に上る寄付をしている。同氏によると意見に賛同し寄付をやめる卒業生が急増し、「大学が受け取るはずだった1億5000万ドルの寄付がなくなった」という。

米国の大学は裕福な卒業生からの寄付で運用する大学基金が、奨学金や施設の増設などの主要資金源になっている。寄付の減少は大学経営に大きな打撃だ。

米シンクタンクのアメリカン・エンタープライズ・インスティテュートのシニアフェロー、ナオミ・ライリー氏はCNBCのインタビューで「大学への寄付者は反ユダヤ主義にもっと前から対応して寄付を控えるべきだった」とローワン氏の意見に賛同した。

混迷する中東情勢は地政学的リスクといったマクロ要因だけでなく、ウォール街のマネーが直接、大学基金など機関投資家の資産運用を通じて市場に波紋を広げつつある。

（ニューヨーク＝伴百江）

2023年10月13日　日本経済新聞夕刊

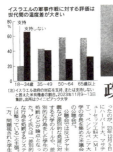

結局、彼女の反ユダヤ主義的な行動、発言が、「ハーバード大のためにも辞任が最適だと判断した」と言わしめるに至ったのである。ゲイ氏の辞任要求に、著名投資家でハーバード大に大口の献金をしているビル・アックマン氏らがいたことも付記しておく。

こうしたユダヤ主義と反ユダヤ主義の対立は、芸術界にも及んでいる。**「ガザに揺れる芸術祭」（2024年1月30日）**という記事は日経新聞の文化面の掲載であるが、ナチズム克服をアピールするために始まった、独トクメンタという現代美術の世界的な芸術祭で、次期芸術監督を選ぶ委員6人全員が辞任してしまったのだ。

ドイツ国内で反ユダヤ主義的との批判が巻き起こったことが要因であるが、そのドイツも反ユダヤに揺れ動いていることは前述した通りだ。

とくに欧米では多くの移民が移り住むようになってから「脱植民地化」が加速された。米国では、**アメリカ大陸の発見者コロンブスが植民地政策の旗手**として侵略者扱いされ、各地で銅像が撤去される事態になっている。

日本ではあるアーティストが「コロンブス」という曲を作って、コロンブスと猿を対比したミュージックビデオが物議を醸したが、世界的な流れを考えれば間違いなく人種差別的な表現にあたり、ましてやコロンブスは今、絶対にNGだったのだ。

現在の民主主義がイコール、ユダヤ資本主義であることは、米国のみならず世界で公になった。イスラエルのガザ地区における非人道的な所業から始まり、今や世界はユダヤ主義にNOを突き付けている。

それを示すのが、**「民主主義は権威主義に押され気味」（2024年1月4日）**で、これは図表で説明されているものである。権威主義国家は政治権力が指導者に集中するいっぽうで、政府はある程度の多様性を許容し、特定のイデオロギーや目標を持たない。そうした国や地域と民主主義国家が数字によって比較されている。

これによると、国・地域数は「民主90 VS. 権威80」、人口比率「民主29% VS. 権威72%」、GDP比率「民主54% VS. 権威46%」と、人口では民主主義は3割にも満たない。つまり、**世界はそもそも権威主義が大半を占めている**ことが分かる。

こうした民主主義＝ユダヤ主義に対して、世界は反米という形で変化を起こしている。

・プーチン5期目始動（2024年5月7日）

・メキシコ大統領、初の女性大統領へ（2024年6月2日）
・インド総選挙、モディ首相、単独過半数届かず（2024年6月5日）
・フランス国民議会、初回投票、極右最大勢力の勢い（2024年6月30日）
・仏、2回投票制で一転　下院選、極右阻止へ有権者傾く（2024年7月9日）
・英国労働党、14年ぶり政権奪還（2024年7月5日）
・ベネズエラ大統領選、反米左派マドゥロ氏勝利（2024年7月28日）

これだけ見ても、たかだか3カ月間での出来事である。日本も岸田総理が総裁選に不出馬を表明し退陣したが、日本だけではなくこれは世界的な流れなのである。

プーチン氏が反米であることは言うまでもないが、英国やフランスも米国との協調路線に異を唱えた結果であろう。英国は反ユダヤ主義が色濃くなった欧州連合（EU）との関係修復を求める労働党が14年ぶりに政権を奪還した。フランスに至っては極右政党である国民連合（RN）の前身は反ユダヤ主義を掲げた政党である。それが勢いを増した形だ。しかし、「仏、2回投票制で一転　下院選、極右阻止へ有権者傾く」とあるように、フランスの投票制度によりRNは第3勢力に沈んでいる。これは極右思想が移民排除やイスラム教徒へ標的が変わったにすぎず、国民が最終的に人種差別的な政党を嫌ったということだ。

メキシコ初の女性大統領のシェインバウム氏については137ページで触れたが、メキシコは米従属路線を固辞している。とくに注目すべきはベネズエラだ。3選を目指した現職マドゥロ氏が勝利したが、米国は選挙の公正性に疑問が残るとして経済制裁を継続する意向を示したのだ。

というのも、ベネズエラはサウジアラビアを上回る世界一の原油埋蔵量を有しており、この国が反米路線を継続すれば、マドゥロ政権が石油部門を統制する構図は続くことになる。つまり、これまで米国が押さえてきた原油利権がひっくり返されてしまうのである。

そもそも民主主義が世界を席巻するようになったのは16世紀後半からだ。メルカトルの地図は北が上で南が下に位置しているが、この上下を逆にした地図が日経新聞に掲載された**「『欧米中心』に転換迫る　メルカトル地図錯覚生む」（2024年1月22日）**。地図を見ると、その景色は一変する。

アフリカが存在感を示し、ブラジルの国土は実際にEUの2倍ある面積をそのまま映し出している。これら台頭してきた南の新興国、**「グローバルサウス」**の存在である。もはやグローバルサウス抜きにして経済を語ることが難しくなってきている。現在、貿易協力で中国陣営寄りの比率が50％を超えているのは、南アフリカ、サウジアラビア、トルコ、インドネシアなど、グローバルサウスの国々である。

では、**「インド総選挙、モディ首相、単独過半数届かず」**は何を意味しているのだろうか。今やグローバルサウスの盟主と自任しているインドであるが、**「インド・モディ氏、5年ぶりロシアでプーチン氏と首脳会談」**（2024年7月8日）という記事が示すように、現在の反民主主義の流れの中で存在感を見せつけているのは確かだ。モディ氏はあくまで中立という態度を示しているが、インドが世界的立場に変わったことは間違いない。

長期政権が続くモディ氏の手腕は著しい経済成長とともに高い評価を受けた。これはインド人口世界一の項でも述べている。しかしいっぽうで、彼はヒンドゥー教徒重視の政策を強行し、イスラム教徒を侵入者と呼び宗教間対立をあおってきた。

多様な民族が共存するインドにおいて、グローバルサウスの国々との協調は欠かせない要素だ。モディ氏のロシア訪問といった強権的な政治手法に対しては民主主義陣営からも懸念の声が上がっているが、過半数割れの事態はこれからの氏の政治の方向性によって国内も揺れ動いている証拠だろう。

インドの動きは、投資の視点のみならず注視していく必要があるということだ。

このように、世界は大きな時代の流れの中にある。大航海時代から約450年、今、民主主義という名のもとに巨額なマネーを動かしてきたユダヤ資本の仕組みが転換を迫られている。

新聞紙上から読み解くユダヤ資本の巧みな動き

「反ユダヤ主義」が世界で台頭してきた結果、彼らのマネーはどう動いていくのだろうか。おそらくは世界の富の「京」という単位の金を握る彼らにとって、米国は安全ではなくなってきた。

ここで最初に申し上げておくと、**ユダヤ人＝アメリカ人ではない**ということだ。イスラエル建国までユダヤには国は存在しなかった。かつての歴史をひもといてみても、ユダヤ人銀行家のジェイコブ・シフは日露戦争の際、日本に多額の資金を貸したことは有名な話だ。しかし、いっぽうでロシアにも貸しているユダヤ人資本家がいる。

こういった両建てを行うのがユダヤ資本だという説もある。彼らは国籍上たまたまどこかの国に属していただけで、これがユダヤ問題を語るうえで話を難しくしていると言っていい。

そんなユダヤ資本は、米国に続きどこへ向かおうとしているのか。彼らの動きは新聞を追っていけばおのずと見えてくる。

Q31 以下の記事からユダヤマネーがどうなっているのか読み解けるだろうか？

・米欧経済 中国詣で活発（2023年6月29日）
・米企業、習氏を「歓迎」アップルとクアルコム首脳、夕食会出席（2023年11月17日）
・Xが陰謀論者の凍結解除（2023年12月12日）
・テスラ、200万台リコール（2023年12月14日）
・テスラ、成長踊り場　EV市場減速／中国台頭（2024年1月26日）

- **マスク氏一転「親ユダヤ」強調**（2024年1月24日）
- **テスラ4年ぶり減収減益**（2024年4月24日）
- **テスラ4−6月、世界販売マイナス4・8％、初の2四半期連続マイナス**（2024年7月2日）

ユダヤ対反ユダヤという構図がはっきり見えてきた世界観の中で、情報を握る彼らの動きは早く、イスラエル問題が勃発《ぼっぱつ》する以前からそれは始まっている。

2023年6月29日の記事では、米マイクロソフト共同創業者のビル・ゲイツ氏が習近平氏と会談を行ったことが報道されているが、それ以前に米企業のCEOたちが中国を訪れている。

アップルのティム・クックCEO、テスラのイーロン・マスクCEO、JPモルガン・チェースのジェイミー・ダイモンCEOなどだ。この関係はイスラエルのガザ地区空爆が始まった翌月でも変わることはなかった。

訪米中の習近平氏との夕食会に、米企業がこぞって参加しているのだ。アップル、クアルコム（半導体）、KKR（投資ファンド）、ファイザー（製薬）、フェデックス（運輸）、ボーイング（航空機）、ブラックロック（資産運用）、ナイキ、ビザ、マスターカード（クレジットカード）である。この顔ぶれを見ても分かる通り、米企業＝世界の大手企業ではないか。つまり、バイデン政権の動きを尻目《しりめ》に米巨大企業は中国にもすり寄っている。彼らにとって巨大な市場は色あせていないということだ。

米中対立と言いながら、なぜ中国なのか。ここに1つ中国市場を切り開いてきた人物がいた。

・キッシンジャー氏死去　100歳（東京新聞、2023年12月1日）

元米国務長官のヘンリー・キッシンジャー氏である。彼はユダヤ人としてドイツで生まれ、ナチス迫害を逃れて米国に移住し米国籍を取得している。ハーバード大学で博士号を取得し、ニクソン政権では大統領補佐官に就任。その後、中国を極秘訪問して周恩来首相と会談し、その後の米中国交正常化を果たす。

彼は要職を退いてからも中国側の陣営として歴代大統領に助言をしている。彼を見れば、アメリカ人＝ユダヤ人ではないこと、たまたま属していた国が米国であったということが理解できるのではないだろうか。

このように、**ユダヤマネーは米中両建て**で行われるのである。

さて、問いにも挙がっているイーロン・マスク氏であるが、なぜここで彼が論じられるのか考えてみてほしい。

テスラは米企業が中国にすり寄ったように、上海に生産能力の4割を担うEV工場を持っている。構図的には中国市場を製造拠点にする考え方は一緒だ。しかし、第2章で述べたようにEVは政治である。答えを言ってしまえば、マスク氏はこの〝政治〟に流された人物ではないかと思う。

マスク氏は2022年にツイッターを買収し、その名を「X（エックス）」と命名した。そのXが陰謀論者のアカウント凍結を解除した。これは2012年に起こったコネチカット州の小学校で起こった銃乱射事件はやらせだと主張していた著名司会者（裁判では遺族に対し約5億5000万円の賠償金命令が下されている）のアカウントを復活させたというものだ。

この司会者は前回の大統領選においてトランプ支持者が行った連邦議会襲撃事件にも関わったのではないかと言われている人物で、極右として知られている。こうした人物のアカウントを復活させた結果、マスク氏は右寄りとして、しかも銃規制を強化する新法案に署名したバイデン大統領に対抗する人物と目されたわけだ。Xでも反ユダヤ的な投稿で、広告主であった米大手企業が離れて、この事業も苦境に陥っている。

その後のマスク氏は、ユダヤ資本に翻弄《ほんろう》されていく。まず攻撃を受けたのがこの2日後の記事**「テスラ、200万台リコール」**である。通達を出した米運輸省高速道路交通安全局（NHTSA）は、テスラの運転支援システム「オートパイロット」についての不備を2021年から調査を始めたとしているが、なぜこのタイミングでのリコールであったのか。これは偶然と言えるだろうか。

こうしてテスラの母体は踊り場を迎えることになるのだが、攻撃はこれだけに留まらない。東京新聞にこんな記事まで出ている。

・マスク氏 薬物疑惑の波紋（東京新聞、2024年1月11日）

マスク氏の薬物疑惑は以前から言われていたようであるが、この報道の出所は**「ウォールストリート・ジャーナル」**である。これに関しては言わずもがなと言ったところであろう。

記事13　ユダヤマネーに翻弄されるイーロン・マスク氏

マスク氏一転「親ユダヤ」強調

アウシュビッツ訪問／投稿反省

Xへ広告回帰ねらう

米X（旧ツイッター）のイーロン・マスク会長が親イスラエルの姿勢を打ち出している。22日にはポーランドのアウシュビッツ強制収容所跡を訪れた。同日に同国南部のクラクフで開いたイベントにも参加し、ユダヤ系市民との親密さを強調してみせた。反ユダヤ的な投稿で離れた広告主の大企業にXへの回帰を促す狙いも透ける。

「私は願望的にユダヤ人だ」「私の友人の3分の2はユダヤ人だ」「私が活動するサークルには反ユダヤ主義はほとんどみられない」。マスク氏は欧州ユダヤ人協会（ＥＪＡ）が主催した「欧州の反ユダヤ主義の高まり」をテーマにしたイベントに出席し、幾度も自身の親ユダヤ的な立場に言及した。

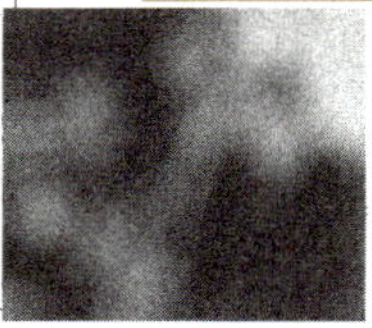

22日のクラクフでのイベント後、イスラエルのリブリン前大統領㊧との記念写真に応じるマスク氏㊥＝ロイター

以前、反ユダヤ主義が再生することがないと思っていたのは「世間知らずだった」との反省も口にした。同時に「我々が行った外部監査の結果、他のソーシャルアプリと比べてXには反ユダヤ主義が最も少ないことが示された」と強調した。

同氏によるX買収後にヘイトスピーチ（憎悪表現）対策が弱まったとの見方に反論する狙いがあったとみられる。第2次大戦時にソーシャルメディアが存在していればホロコースト（ユダヤ人大虐殺）を「隠すことは不可能だった」と述べ、Xの存在意義を強調した。

これに先立ち、マスク氏はナチスドイツによるホロコーストの舞台となったアウシュビッツ強制収容所跡をＥＪＡのマルゴリン会長らとともに訪れ、追悼式典に参加した。その後、訪問について「とても悲しくて悲劇的だった」と語った。

マスク氏を巡ってはX上で反ユダヤ主義的な言動に同調し批判を招いた経緯がある。2023年10月、ユダヤ人が白人に憎悪を向けているという趣旨の投稿をした利用者に「あなたは真実を言った」と返信。ウォルト・ディズニーなど多くの米企業がXへの広告出稿を見合わせる動きにもつながった。

マスク氏は有力ユダヤ人団体、名誉毀損防止同盟とも度々対立してきた。Xの広告収入が大幅に減ったのは同団体が広告主に圧力をかけたのが原因だと主張し、一時は批判を繰り返していた。

Xの経営状況は最近、広告収入の減少で厳しさを増していた。こうした背景があるだけに、今回の訪問には反ユダヤ主義的とのイメージを払拭し大口の広告主の回帰を後押しする思惑があったとの見方が広がる。

ユダヤ人団体やイスラエル側もマスク氏の訪問を歓迎する姿勢を示した。イスラエルはパレスチナ自治区ガザのイスラム組織ハマスへの攻撃で市民の犠牲を拡大させ、国際世論の強い逆風にさらされている。

それだけに世論戦で巻き返しを図るためにも、影響力が大きいマスク氏を親イスラエル陣営に取り込もうとした可能性がある。イスラエルのヘルツォグ大統領は23年11月、マスク氏に「あなたには大きな役割があり、我々は共闘する必要がある」と伝達。22日のイベントにはリブリン前大統領が出席し、マスク氏と記念撮影をして良好な関係を演出した。

（ウィーン＝田中孝幸、シリコンバレー＝山田遼太郎）

2024年1月24日　日本経済新聞朝刊

写真：掲載不可

- マスク氏、ユダヤ人団体とたびたび対立の過去
- 「反ユダヤ主義の高まり」をテーマにしたイベントで親ユダヤの立場に言及
- Xの広告出稿減少
- Xは反ユダヤ主義が最も少ないソーシャルメディアと強調

そして、マスク氏は一転「親ユダヤ」を強調する。アウシュビッツ強制収容所を訪れ、欧州ユダヤ人協会のイベントに参加し、これまでのXの投稿を反省したうえで、次のように言及している。

「私は願望的にユダヤ人だ」「私の友人の3分の2はユダヤ人だ」「私が活動するサークルには反ユダヤ主義はほとんど見られない」と。マスク氏は彼らの軍門に下ったのである。

EVという政治駆け引きに敗れ、ユダヤ資本主義に敗れたテスラは、ついに4年ぶりの減益減収を迎えたのである。

ユダヤマネーはこれから先、どこに向かうのか？

これまで〝民主主義〟という名のもとに作られた世界観は今、大きな変化を迎えている。若者をはじめとする人々が、世の中の仕組みを知り、何が真実であるかを考えるようになった。**欧米各国で反ユダヤ主義が台頭し、権威主義が迫る中、彼らのマネーはどこに向かうのか。**それがこの章の最後の問いである。

これまでの民主主義は、戦争で経済を動かしてきた。むろん、これはいまだ想像の域での話で、いずれ真実として明かされる時がやってくるだろう。現在の米国を操っているのがユダヤマネーだとしたら、当然イスラエルのバックに国費を使って資金を供給していると考えられるが、ではハマスには誰が資金を供給しているのかということだ。

先ほど、日露戦争でジェイコブ・シフが日本にお金を貸したという話をした。戦争をすれば儲かるという話であるが、実際にイスラエルのGDPは、2024年1-3月期は前期比で14・1%と急激な伸びを示している。あのロシアもGDPがすごい勢いで上がっているのだ。

一度ぶち壊しては作り、またぶち壊しては作る。これがこれまでの資本主義の実態である。しかし、新しい世界観が醸成されつつある変化の中で、限界がきていることも確かなのだ。

では、このあとのユダヤマネーはどこへ向かおうとしているのか。これまでは米国が居心地がよかったがゆえに米国株は上がり続けた。しかし、イスラエルの行動は世界から非難を浴び、同時に、イスラエルを支援する米国では、各地で「反ユダヤ」のデモが広がっており、ユダヤ人にとって米国は居づらい場所となってしまった。

しかも、世界的には権威主義が勢いを増し、もはや彼らの行き場所がなくなっている。しかし、1つだけ受け入れてくれる場所が残っている。**それが日本だ。**日本は米国同様、民主主義陣営であるが、「反ユダヤ」のような分断もなければデモも起きていない。細かい話はあるものの、全般的に他民族に対して寛容な国は日本しかないという流れなのだ。富裕層の移動とともに、世界の時価総額の50%を占める米国市場から投資資金が日本に入ってくるのではないだろうかと私は考えている。

1989年の日本の時価総額は世界の約50%だった。その後、世界の株式マネーは米国に移り、時価総額が世界の50%を占めるまでに至った。今度は再度、日本に投資資金が戻ってくるのではと期待している。

第二次世界大戦中、リトアニアに赴任していた外交官の杉原千畝《ちうね》が、ナチス・ドイツによって迫害されていた多くのユダヤ人にビザを発給し、彼らの亡命を手助けした逸話は有名だが、現在の反ユダヤ主義的な世界で、唯一許してくれるところは日本しかないと、彼らが思っても不思議ではないだろう。そうした感情論で語れるほど甘くはないが、ようやく本来の正常な金融経済を歩み始めた日本は、彼らにとって最も安全な場所であるのではないだろうか。

第 5 章

テンバガー（10倍株）を探す

投資観を鍛えるために

The unique "NIKKEI" reading to search Ten-bagger

chapter : 5

先行指数の先の先を想像することがテンバガーを見つける条件

日経新聞を読んでいると、最高益、減収減益などの見出しが飛び込んでくる。そうした言葉を見た時、投資家はそれが景気の山なのか谷なのかを判断する。しかし、新聞の記事だけでは分からない。

そこで押さえておきたいのは**「景気動向指数」**だ。景気動向指数とは、在庫（受注）、生産（利益）・雇用（求人）・消費（物価）など、経済活動における重要な指数で、景気に敏感に反応する指数である。

景気動向指数には**「先行指数」「一致指数」「遅行指数」**の3つがあり、反応する時期が異なっている。その3つの指数は、以下のように分けられる。

【先行指数】

先行指数には、日経商品指数や東証株価指数（TOPIX）などの商品市況や株式市場のマーケットデータや、在庫（逆サイクル）、実質機械受注や新規住宅着工、新規求人数などが含まれる。

例えば、在庫が減っていれば、生産を拡大するため景気は良くなり、在庫が増えていれば、生産を縮小するため景気は悪くなるという形で、在庫の増減が景気の先行指数になるという考え方だ。車に例えると、フロントガラスの先に見える景色であり、これから進むべき方向が見えているという感じだ。

【一致指数】

一致指数には、生産、出荷、販売、営業利益の指標や、有効求人倍率などが含まれる。先行指標である受注が入れば、そこから生産することになるが、その生産が忙しければ景気はよく、暇であれば景気はよくない。つまり、現状と景気が一致しているため一致指数とされる。生産すれば、すぐに出荷し、販売され、利益が計上されるため、これら一連の流れも一致指数となる。

こうした流れから景気が良くなれば、それが求人倍率にも反映される。先ほどの車に例えれば、ちょうど今の状況であるため、サイドガラスから見える景色ということになる。

［遅行指数］

遅行指数には、設備投資、家計消費、給与、消費者物価などが含まれる。一致指数にある利益が上がることで、初めて、設備投資を増やしたり、給与を増やしたりできるわけで、給与が増えれば家計消費も活発になるという流れだ。先行指数から見れば、かなり遅れて現れる現象のため遅行指数とされる。

こちらも車で例えると、バックミラーに見える景色ということになる。

以上、先行・一致・遅行系列の指数は次ページにまとめておくが、株価の判断は先行指数より先、言い換えれば**「先行の先行」**だと考えている。先ほどの車の例えの続きで、あなたが車に乗っているとしよう。フロントガラスの先に見える景色が先行の景色ということになる。

もしその先がカーブになっているとして、カーブの先がどうなっているのかを想像するのが株価の予測である。最高益が出た瞬間に株価はピークを付けて下がるのか、逆に赤字が出て大底から反転するのか分からない。しかし、指数を整理しておけば見極めるための判断材料にはなる。

3つの景気動向指数

先行系列

1	2	3	4	5	6	7	8	9	10	11
最終需要財在庫率指数（逆サイクル）	鉱工業用生産財在庫指数（逆サイクル）	新規求人数（除学卒）	実質機械受注（製造業）	新設住宅着工床面積	消費者態度指数（2人以上世帯、季節調査値）	日経商品指数（42種総合）	東証株価指数（TOPIX）	マネーストック（M2）（前年同月比）	投資環境指数（製造業）	中小企業売上見通しDI

一致系列

1	2	3	4	5	6	7	8	9	10
生産指数（鉱工業）	鉱工業用生産財出荷指数	耐久消費財出荷指数	労働投入量指数（調査産業計）	投資財出荷指数（除輸送機械）	商業販売額（小売業、前年同月比）	商業販売額（卸売業、前年同月比）	営業利益（全企業）	有効求人倍率（除学卒）	輸出数量指数

遅行系列

1	2	3	4	5	6	7	8	9
第3次産業活動指数（対事業所サービス業）	常用雇用指数（調査産業計、前年度比）	実質法人企業設備投資（全企業）	家計消費支出（勤労者世帯）（名目、前年同月比）	法人税収入	完全失業率（逆サイクル）	決まって支給する給与（製造業、名目）	消費者物価指数（生鮮食品を除く総合）	最終需要財在庫指数

（出所：複眼経済塾）

ただ、車のレースと同じで周回遅れの車にトップが追いつくと、どちらが前を走っているか分からなくなるように、遅行指数が先行指数の先行指数になることがある。これが面白いところで、たとえば消費者の変化に注目して株を買うというのが、1つのテンバガーを探すやり方だ。

伝説の投資家の、ピーター・リンチ氏が言うように、身近なところからテンバガーが見つけられるというのは、まさにこのことなのである。

身近なもの、興味のあるものにテンバガーのヒントが隠されている

ピーター・リンチ氏は、テンバガーは「中小型成長株」か「業績回復株」の中から生まれると指摘している。「景気回復株」は正に景気循環だが、これらの銘柄を見つけることは難しい。というのも、景気が悪化から回復になるタイミングは常に存在するわけではなく、また、大底で買って天井で売るといったことがプロでも難しいからだ。

そのためピーター・リンチ氏は、中小型成長株こそがテンバガーを探す最良の方法とし

ており、なかでも身近な小売から探すのが一番いいと言っている。やはり実経済の中で身近なモノや直に触れて感じているもの、または自身が興味を持っているものの中から追ってみるのがいい。

Q32 テンバガーのヒントになる可能性はどこにあるだろうか?

・「スイカゲーム」最多ダウンロード「想定外」に実況者夢中(2024年3月28日)

これは市場や顧客ニーズの分析に頼らず、想定外にヒットした任天堂スイッチのソフトだ。このゲームを開発したのは天井に取り付けるプロジェクターの生産販売が主力のAladdin X(非上場)という会社で、プロジェクターのおまけ機能がもとになっている。

スイカゲームは画面上に落ちてくる同じ種類の果物を組み合わせることにより大きな果物に変えるゲームで、果物が予期せぬ場所に転がっていくのが面白さとなっている。ゲーム実況をするユーチューバーが紹介したことで爆発的なヒットとなり、ダウンロード数は

300万に達した。

これは「ゼルダの伝説」や「スーパーマリオブラザーズ」を抜いて、2023年のダウンロード数1位を記録している。価格は240円ですでに850万ダウンロードを超えており、単純計算でも約20億円の売上である。もしも上場していたら、一気にテンバガーへと駆け上がっていっただろう。

実はこのゲーム、私の妻も知っていて、本当に身近なところからこうした企業が生まれているのだと実感した。直接株とは関係ないが、日経新聞を読んでいてこうしたことに気づくことが訓練だということなのだ。

今から注目しておくと結果的にテンバガーになっている株を探せ

テンバガーとは不思議なもので、振り返って10年したら結果的にテンバガーであったということがよくある。

第3章のサイクル論のところでも取り上げたが、2008年度に日立が製造業最大の赤字を発表した2009年5月13日の株価は終値340円（最安値は約半年後の12月9日の241円）で、10年後の2019年同日の株価は終値が3706円。およそ11倍の株価になっている。

この日立と似た感覚で、もしかすると将来的にはテンバガーになっているのではないかという視点は、あくまでも予測の1つにすぎないが、投資の本質をとらえている。

むろん企業の業績が会社の未来を決めるのは言うまでもないが、投資とは赤字決算を出したら売りという投資家もいれば、だからこそ買いという投資家もいる。つまり、テンバガーを狙うのであれば、買いという視点からも判断できるのだ。そんな記事があった。

Q33
あなたはこの記事から、テンバガーになるかならないか判断できるだろうか

・住友化学、医薬1800億円減損　前期最終、最大の3120億円赤字（2024年5月1日）

4月30日、住友化学（4005）が2024年3月期の連結最終損益が3120億円の

赤字になったことを発表した。製薬子会社の住友ファーマー関連で1800億円以上など、子会社の減損損益は過去最大の約2700億円というものだ。

住友化学はコスト削減などで最終黒字を目指すものの、V字回復と中長期の成長シナリオには不透明感が残る。石油化学関連では、中国メーカーの増産の影響で採算が悪化し、サウジアラビアの国有石油会社サウジアラムコとの合併も将来像が見えない。

結果的に4月30日の株価終値は前日比17円下落（4・8％）の337円となった。未来への好材料が見えないということもあって、投資家は肩透かしを食らったと受け止めたのである。

では、住友化学の中長期戦略は何かというと、岩田圭一《けいいち》社長は農薬など農業分野や半導体材料といった成長領域に、今後6年間で4000億〜5000億円を投じる考えを示している。

さて、ここでの判断は**〝農業分野〟**や**〝半導体分野〟への戦略が10年後にどうなっているか**ということだ。もちろんこれ以外の分野に進出して業態がまったく変化していることもあり得る。

日立のV字回復は、製造業の終焉《しゅうえん》から子会社の統廃合を行い、鉄道システムや送電網などからなるグリーンエネルギー関連分野と、金融機関や政府向けシステムなどを含むデジタル化関連分野へ移行したことである。

では、住友化学はどこへ向かうのか。それはおそらく10年後の株価が証明してくれるに違いない。

時代はすでにZ世代が握っている

第４章で、人工知能を超えてテトリスを攻略した13歳の記事（２２１ページ参照）を紹介したが、Ｚ世代とは１９９７年以降に生まれた世代だ。私はこうしたZ世代の活躍もテンバガーのヒントになるのではないかと思っている。

Q34 Z世代の活躍から日本はどう変わっていくだろうか？

・慶応107年ぶり優勝（2023年8月24日）

・**藤井聡太、将棋史上初の八冠**（2023年10月11日）
・**尊富士が新入幕V　110年ぶり、最速10場所で**（2024年3月25日）
・**大の里V 最速7場所**（2024年5月27日）
・**笹生 最年少2度目V 日本勢初メジャー複数制覇**（2024年6月4日）

スポーツ界を中心に、今やZ世代の活躍は目を見張る以上のものだ。なにせ半世紀から1世紀以上破られなかった記録がことごとく塗り替えられているからだ。

2023年の夏の甲子園では、慶應高校が107年ぶりの優勝を遂げた。107年前と言えば第一次世界大戦のさなかである。彼らが変えようとしたのは高校野球の伝統だ。高校球児は丸刈りが普通という常識を覆そうと戦ってきたが、X世代からは批判的な意見も多かった。まさに世代格差を見た出来事でもあった。

逆に、将棋界は藤井聡太棋士の誕生で上の世代が盛り上がりを見せた。八冠というのは、将棋のタイトル戦のすべてで、これまでX世代の代表として羽生善治氏が達成していた（当時は7つのタイトル戦しかなく七冠）。また、タイトル戦の20連勝は、伝説の棋士、大山康晴永世名人の記録を58年ぶり塗り替えた。

これは**完全なる世代交代**である。この藤井氏の登場により、実際に将棋を指す愛好家は年々減っているものの、将棋を指さない人たちも「観る将棋」として新しいファン層が誕生している。とくに、対局中に食べる勝負めしやおやつのスイーツは毎回話題となり、その後売り切れ店が続出するという現象まで生み出している。

こうした長き伝統を誇る世界でZ世代が歴史を変えているが、その最たるものは大相撲であろう。日本の国技として相撲の歴史は『古事記』や『日本書紀』にさかのぼると言われている。天覧相撲が始まったのが奈良時代、現在の相撲の原型が出来上がったのが江戸時代、そして現在の相撲協会が誕生したのが明治時代である。

そんな長い歴史の中で、尊富士《たけるふじ》関が２０２３年春場所新入幕で優勝した。１１０年ぶりというのだから驚きだ。尊富士関は相撲界に入って10場所でこれを成し遂げた。しかし、約1年後の２０２４年5月26日に大の里関が史上最速の7場所で優勝。初土俵からの最速記録を破ってしまった（その後、9月場所で連続優勝を果たし大関に昇進している）。

もう破られないだろうという記録をあっさりと塗り替えてしまうのが、**Z世代の想像を超える世界**なのだ。

記事14　Z世代の活躍から未来を想像する

尊富士が新入幕V

110年ぶり、最速10場所で

大相撲 春場所 千秋楽

（エディオンアリーナ大阪）

新入幕で東前頭17枚目の尊富士が13勝2敗で初優勝を果たした。初土俵から所要10場所での制覇は、貴花田（のちの元横綱貴乃花）と元横綱朝青龍の24場所を大幅に塗り替え史上最速。現行の優勝制度が確立した1909年夏場所以降では、1914年夏場所の両国以来110年ぶりの新入幕優勝となった。（関連記事を社会面に）

24歳の尊富士は14日目に負った右足のけがを押して出場し、豪ノ山を押し倒した。

平幕優勝は2022年九州場所の阿炎以来で37度目。幕尻優勝は00年春場所の貴闘力、20年初場所の徳勝龍、同年7月場所の照ノ富士に続いて4人目。

1差で追っていた平幕大の里は大関豊昇龍に下手投げで敗れて11勝4敗。豊昇龍は11勝目を挙げた。新大関琴ノ若は大関対決で霧島に屈して10勝5敗。5勝10敗の霧島は来場所を2度目のかど番で迎える。

尊富士は殊勲賞、敢闘賞、技能賞の三賞を全て受賞。入幕2場所目の大の里は先場所に続く敢闘賞と初の技能賞に輝いた。

十両は水戸龍が12勝3敗で2度目の優勝。

夏場所は5月12日に東京・両国国技館で始まる。

2024年3月25日　日本経済新聞朝刊

写真：共同通信社

- 110年ぶり、最速10場所でと「〜ぶり」「最」のキーワード
- 初土俵から10場所での優勝は、これまでの24場所（貴乃花）を大幅に更新
- 尊富士は24歳のZ世代

ゴルフ界では女性の活躍が著しい。笹生《さそう》優花《ゆうか》選手は２０２１年に19歳で全米女子オープンに優勝し２０２４年に同大会に優勝するという初のメジャー大会複数制覇を成し遂げた。

世界のメジャー大会は５つあり、この全米女子オープンは世界最高峰の女子メジャーとされている。これだけでも日本人としての偉業だが、同年７月14日には仏エビアン選手権で古江彩佳選手が日本人女子４人目のメジャー制覇を果たしている。

また、新聞記事としては取り上げないが、同じ女性として、世界フィギュアスケート選手権では、坂本花織選手が日本人史上初の３連覇、世界で56年ぶりという偉業を成し遂げている。

彼らが生まれた年（当時の年齢）は、慶應高校生が２００５年生まれ（18歳）、藤井聡太氏が２００３年生まれ（21歳）、尊富士関が１９９９年生まれ（24歳）、大の里関が２０００年生まれ（23歳）、坂本花織氏が２０００年生まれ（23歳）、笹生優花氏が２００１年生まれ（22歳）、古江彩花氏が２０００年生まれ（24歳）だ。

私は「今の若者はダメだ」と批判することは少し違うのではないかと感じている。それは、これからの日本が変わる視点を見逃してしまうからだ。

少子化により日本の人口は減っているという問題はある。しかしこの先、彼らは1人で我々何十倍のことを成し遂げてしまうかもしれないのだ。つまり、**彼らが何を考えているかということが、まさにビジネスのヒント**であり、こうした発想に至らなければそれこそ先の先など見通せないと思っている。

あるスーパーサイクルに想像を超える世界がやってくるかもしれない

最後に、自然界のとてつもない時代の流れというものを感じてもらおう。第3章で人間の世界おけるさまざまなサイクルを紹介したが、そのサイクルの中で生活してもヘゲモニーサイクルの100年などは「人生100年時代」とはいえ、お目にかかれるかどうかだ。

しかし、自然界は人間をはるかに超える悠久の時間で種を存続させる。そこで最後の問いだ。

Q35 次の自然現象から何を学ぶことができるだろうか?

・米「素数ゼミ」221年ぶり大発生 1兆匹出現か(2024年4月21日)

素数ゼミというのをご存じだろうか。素数というのは、1とその数自身しか割り切れない数を言うのであるが、この素数でしか生まれない**「13年ゼミ」**と**「17年ゼミ」**という周期ゼミが存在する。

13年に一度しか繁殖活動をしない「13年ゼミ」と17年に一度しか繁殖しない「17年ゼミ」。2つのセミは一緒に繁殖することはない。これは種の維持のために生まれた生物の戦略とも言える。

生物学者の吉村仁氏が書いた『素数ゼミの謎』(文藝春秋刊)によると、北アメリカに生息するこのセミは、氷河期の時代を生き抜くために**「気温と成長の関係」**から、長く地中で生活するようになったらしく、それが13年と17年の周期ゼミを生み出した。

そして、もう1つの理由が**捕食者の回避**である。同時に多くのセミが成虫になれば小動物や鳥に食べられる確率が下がる。つまり、2つのセミが同時に繁殖を行えるのは、13と17の最小公倍数、つまり221年に一度なのだ。

米国ではイリノイ州を中心に、1兆匹を超える素数ゼミの出現が予想されている。米スミソニアン国立自然博物館でも、セミを見かけた場所を投稿できるアプリを作成し、研究の準備を進めている。

この本が出る頃には、すでに素数ゼミの出現は終わっているだろうが、この現象から学ぶことなどあるのかと言えばある。それは**「気候変動」**だろう。地球温暖化によってセミにも影響を与える可能性が高いからだ。また、13年ゼミが増えると、17年ゼミの集団が絶滅する可能性もあるという。

この自然現象に変化が生まれるのかを観察することは、これ以降、さらなる気候変動を考えざるを得なくなるかもしれない。そうなれば、経済の仕組みそのものも、我々の生活そのものも大きく変わってしまうのだ。

とはいえ、私としては221年ぶりに現れる現象に、何か大きな転換点に向かっていると思っている。

記事15　200年を超える超周期は何を意味するのか

米「素数ゼミ」221年ぶり大発生

1兆匹出現か、捕食者を回避

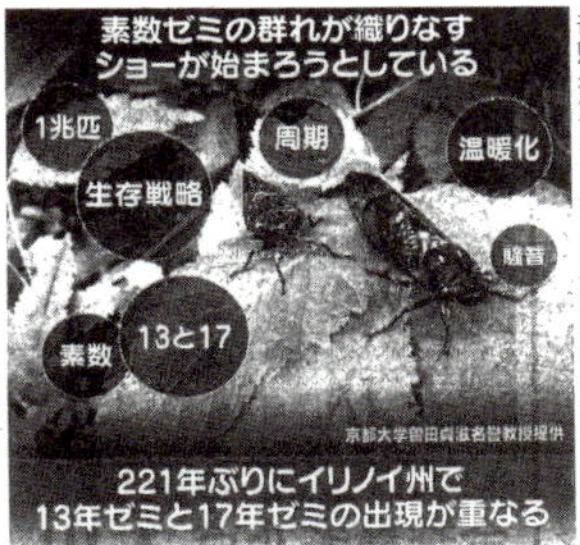

○は出現　×は出現せず

発生年	2018	19	20	21	22	23	24	25	26	27	28
13年ゼミ	×	×	×	×	×	×	○	×	×	○	○
17年ゼミ	○	○	○	○	×	×	○	○	×	×	×

米マウント・セント・ジョセフ大学名誉教授
ジーン・クリツキー氏の図をもとに作成

グラフィックス　桑山昌代

米国で221年ぶりの大騒動への警戒感が高まっている。幼虫として13年間地中で暮らしてきた「13年ゼミ」の一群と、17年間暮らしてきた「17年ゼミ」の一群が4～6月ごろに同時に地上へ姿を現すと予想されている。その数は1兆匹。「素数ゼミ」が織りなすショーの行方から目が離せない。

「1兆匹を超えるだろう」。米スミソニアン国立自然史博物館のコレクションズ・マネジャー、フロイド・ショックリー氏は素数ゼミの大発生を予想する。1エーカー（約0・4ヘクタール）当たり100万～150万匹現れる可能性があるという。大量のセミの死骸がにおったり、歩行者の転倒や自動車のスリップ事故が起きたりするかもしれない。

素数とは1とその数以外では割り切れない数で13と17は該当する。その周期が重なるのは最小公倍数である221年に1度となる。

セミを見かけた場所を市民が投稿できるアプリ「シケイダ・サファリ」の作成者で、収集データをもとに研究を進めている米マウント・セント・ジョセフ大学名誉教授のジーン・クリツキー氏は「生息域が隣接するイリノイ州スプリングフィールドでは、1日で13年ゼミと17年ゼミの集団を目にするまたとないチャンスだ」と期待する。

このセミは米国固有の種で、13年ゼミは4種、17年ゼミは3種いる。地域ごとに出現する年が異なる集団を分類した「ブルード」でみると13年ゼミは3グループ、17年ゼミは12グループある。グループを問わなければ、米国内のどこかで同時に出現することはある。

生態はユニークだ。昆虫の中でもかなり長い生涯を送る。幼虫の時は地中でカシやニレなどの木の根から汁を吸い、13年または17年かけてゆっくりと成長する。地上に出ると木に登り、羽化する。成虫は一斉に交尾し、4～6週間で生涯を終える。メスは若木に産卵し、ふ化した幼虫が地面に落ちると新たな世代の地中生活が始まる。

日本のセミは毎年、鳴き声を聞ける。13年ゼミと17年ゼミには、どうしてこれほど特殊な生存戦略が生まれたのか。

理由の一つが捕食者の回避だ。同時にたくさんのセミが成虫になれば、数が多すぎて小動物や鳥などに食べられる確率が下がる。捕食者が一時的に増えて、子孫を残しても、セミが地中に長期間いる間に自然に減る。一斉に成虫になることで、繁殖相手が多くなる利点もある。

京都大学の曽田貞滋名誉教授は「13年や17年という周期は維持されやすかったのではないか」と話す。2や3ではなく、大きな素数である13や17は最小公倍数が大きく、他の集団と出合う確率が下がる。

13年ゼミと17年ゼミは約50万年前に同じ祖先から分かれたと推定されている。現代まで周期を刻んできたのは、地球の気候変動が許される範囲内にとどまっていたからだ。

ところが2017年、本来は21年に発生するはずの17年ゼミが4年早く羽化する事態が生じた。米コネティカット大学シニア・リサーチ・サイエンティストのクリス・サイモン氏は「今後は4年早く羽化する17年ゼミが増え、やがて13年ゼミになっていくだろう」と話す。気候が温暖になると、幼虫が毎年成長できる時間が増えて早く大きくなるからだ。

サイモン氏はさらに、温暖化によって春の訪れが早まるため、毎年の羽化の開始時期が早まると予想する。セミは地上に出る年の春の土壌温度や、木のライフサイクルの影響を受けるという報告がある。地球温暖化でこれらの環境が変動する以上、セミにも影響を与える可能性が高い。

世界の平均気温は産業革命前から1度超上昇した。「温暖化が極端に進むと、分布域が変わったり集団自体が少なくなったりするだろう」（曽田氏）。13年で羽化するセミが増えると、もともとの17年の集団が絶滅していく可能性がある。

この春に「定刻」通りに大量のセミが姿を見せれば、社会の混乱と引き換えに地球の健全性を示すひとつの証しにもなる。リズムを守り、一斉に鳴くセミが生涯を謳歌するのか。セミ出現はいっときの騒ぎにとどまらない。

（下野谷涼子）

キーワード　ブルード

すでに絶滅した集団も

卵から成虫までの年数が同じセミの群れで、発生する年が同じ集団のこと。発生する年が重ならないブルードは理論上、13年ゼミでは13個、17年ゼミでは17個考えられるが、現存するのは13年ゼミが３個、17年ゼミが12個にとどまる。過去には存在していたが絶滅したブルードもある。

ローマ数字で表記され、今回は17年ゼミの「ブルードＸＩＩＩ」がイリノイ州を中心に、13年ゼミの「ブルードＸＩＸ」がイリノイ州以南で一斉に羽化する。ブルードＸＩＸは全ブルードの中で最大規模を誇る。前回の発生は2021年、米国東部での17年ゼミの最大集団「ブルードＸ」だった。

2024年４月21日　日本経済新聞朝刊

左上写真：京都大学曽田貞滋名誉教授提供

それは、これまで見てきた日経新聞から新しい時代の変化、それも大転換期と予見できるのだ。

ヘゲモニーサイクルへの突入か!?

「金」の年に日本の大転換が始まる

ここまで世の中の大きな変化や転換点、そして情報として投資にどう活用すればいいかという視点でお伝えしてきた。記事を正しく読み、その本質を理解し、自分ならどう考えるかという判断をし、世の中の変化を読み解いてきた。

こうした読み解き術は、この本のテーマである投資への情報活用に大いに役に立つが、今をどう生きるかといった生活そのものを考える際にも欠かせないものだと思う。

そこでこの本の最後になるが、日経新聞の記事から**「日本の未来」**について想像したい。最後は問いという形ではなく、私がこれからの日本について読み解いたものであることをご了解いただきたい。

新聞記事は、次の3つである。

・最高水準の金、鎖国下で「佐渡金山」世界遺産に質・量に評価（２０２４年７月28日）
・日本「金」ラッシュ（２０２４年７月29日）
・パリ五輪、総合馬術団体、92年ぶりメダル銅（２０２４年７月30日）

約４００年の歴史を持つ**「佐渡島の金山」が世界文化遺産**として、２０２４年７月27日に国連教育科学文化機関（ユネスコ）の世界遺産委員会で決まった。

決め手は人力による独自の鉱山技術である。機械化された鉱山を上回る世界最高水準の質・量の金を生み出した歴史的価値が世界に認められたのだ。佐渡島の金山の特徴は、古代の手工業を継続しながら金の純度を99％に高め、17世紀前半には世界の金生産量の約１割を担っている。当時の日本は鎖国下にあり、欧州で進む機械化を導入できなかったが、運搬には山を崩して大量の水で洗い流して砂の中から金を運び取る「大流し」などの技術が見られる。また、採掘以降の作業や精錬作業にも独自の技術が受け継がれ、日本で21番目の世界文化遺産となった。

そして、同じ２０２４年にパリオリンピックが開催された。日本はパリ金メダル第１号にして通算５００個目のメダルとなった柔道の角田夏実選手を皮切りに、合計20個のメダルを獲得した。

これは金メダル数、金銀銅の総メダル数（45個）が過去最高となるオリンピックとなった。なかでも私が注目したのが**「日本『金』ラッシュ」**の日だ。この日、金メダルを獲得したのは、日本伝統の柔道で阿部一二三選手、オリンピックでは新しいスケートボードで吉沢恋《ここ》選手（14歳）、ヨーロッパ中心の競技フェンシングで個人初となる加納虹輝《こうき》選手という部分である。

伝統、新競技、そして外国の競技と3つの種目での金というところに意義がある。そして、注目すべきは中世ヨーロッパを起源とするフェンシングで日本が金メダルを取ったことである。

このフェンシングの日本での始まりは明治時代、陸軍戸山学校にて、フランス人教官によって伝えられたと言われている。そして、1932年にフランスから帰国した岩倉具清氏によって、競技としてのフェンシングが確立されたものだ。

これと時を同じにしたのが、**「パリ五輪、総合馬術団体、92年ぶりメダル銅」**である。92年前の1932年、この競技で金メダルを獲得したのはバロン西（西竹一）という人で、陸軍騎兵中尉時代のロサンゼルスオリンピックでの出来事だ。彼はその後、陸軍騎兵学校の教官となり、終戦の年に硫黄島への動員が下され、そこで最期を遂げている。

フェンシングと馬術。まさに日本がヨーロッパに学び、列強と肩を並べようと坂の上の雲を目指したあの時代を、戦争ではない新たな形で乗り越えた瞬間だったのだ。

そう、ここでの**キーワードは「金」**である。

だからこそ、馬術では金を目指してほしい。その期限は8年。つまり、あと2回のオリンピックがある。もし8年後のオリンピックに金メダルを取れば、それは「100年ぶり」となる。

100年でピンときた人もいるだろう。このサイクルは「ヘゲモニーサイクル」だ。そのスタートとなる変化の年が2024年。

私が想像する日本の姿。それは次代のサイクルは日本ということなのだ。

おわりに

私は日経新聞と並行して東京新聞も読み込んでいるのだが、ある日の朝刊に私自身、とても喜ばしい記事が飛び込んできた。

・新聞の切り抜きは「感性の反映」（東京新聞、2024年6月20日）

この記事は、大阪でクリッピングサービス会社を経営している佐藤一男氏が新聞の切り抜きの魅力について語ったものだ。

くしくも放送中のNHK連続小説「虎に翼」の主人公・猪爪寅子が日課としていた新聞や雑誌の切り抜きシーンから佐藤氏が取材されたものだ。その中で佐藤氏は「デジタルはキーワード検索が基本だが、こちらは人間の目でチェックする。キーワードでは引っかからなくても、関連する記事を過不足なく切り抜くことができる。紙の新聞は視認性の点でも優れている」と強調している。

いっぽうで、昨今の新聞離れの現状について、新聞社自体にも警鐘を鳴らしている。それは、若い人に読んでもらおうという気概が伝わってこないというものだ。だからこそ逆に、若い人にとってはチャンスで、新聞を読めば「要約力」が身につき、他人との差をつけられるという。

まさにこのことは慧眼《けいがん》である。新聞の切り抜きは何といってもその人の感性が反映される。記事の何に注目し、好奇心を寄せるか。切り抜きはその人自身のこれまで生きた感性そのものだ。そして、その記事から何に気づき、何に驚きを感じるかということがなければ切り抜きはできない。

私の場合は、証券マン時代から投資に役立つという視点で切り抜きを行ってきた。この本でも、私の視点からあくまで投資という観点で日経新聞の読み方をお伝えしてきた。しかし、再度申し上げるが、投資という観点以外でも日経新聞はさまざまな知恵や考え方を授けてくれる媒体なのだ。

長年、私がやってきた新聞の切り抜きが、この佐藤氏の記事で報われた気がして、思わず切り抜いたことは言うまでもない。

末筆になるが、あなたも新聞の切り抜きをして感性を磨いていただければうれしい。そして、「あなた自身の観点」で読み方を発見し、投資だけではなく、人生に気づきや驚きを手に入れてほしいと願っている。

著者より

※下記のＱＲコードを読み取ると、渡部清二の特別音声「トランプ政権とディープステート」をお聴きいただけます。

渡部清二（わたなべ・せいじ）

複眼経済塾 代表取締役塾長。1967年生まれ。1990年筑波大学第三学群基礎工学類変換工学卒業後、野村證券入社。個人投資家向け資産コンサルティングに10年、機関投資家向け日本株セールスに12年携わる。野村證券在籍時より、『会社四季報』を1ページ目から最後のページまで読む「四季報読破」を開始。20年以上継続中で、100冊以上を読破。同時に『日経新聞』を読み込み、ポイントを話し合う「日経新聞・読み合わせ会議」を主宰。独自の読み方と記事の切り抜きを20年以上継続中。

2013年野村證券退社。2014年四季リサーチ株式会社設立、代表取締役就任。2016年複眼経済観測所設立、2018年複眼経済塾に社名変更。2017年3月には、一般社団法人ヒューマノミクス実行委員会代表理事に就任。テレビ・ラジオなどの投資番組に出演多数。「会社四季報オンライン」でコラム「四季報読破邁進中」を連載。『インベスターZ』の作者、三田紀房氏の公式サイトでは「世界一『四季報』を愛する男」と紹介された。

著書に『会社四季報の達人が教える10倍株・100倍株の探し方』（東洋経済新報社）、『「会社四季報」最強のウラ読み術』（フォレスト出版）、『10倍株の転換点を見つける最強の指標ノート』（KADOKAWA）、『プロ投資家の先を読む思考法』（SBクリエイティブ）などがある。
◆複眼経済塾：https://www.millioneyes.jp/

カバー&本文デザイン ― 中村勝紀（TOKYO LAND）
編集協力 ― 稲川智士

プロも見逃す！
10倍成長する株を探す「日経新聞」読み解き術

2025年1月5日　初版発行

著　　者　渡部清二
発 行 者　太田　宏
発 行 所　フォレスト出版株式会社
〒162-0824　東京都新宿区揚場町2-18 白宝ビル7F
電話　03-5229-5750（営業）03-5229-5757（編集）
URL　http://forestpub.co.jp

印刷・製本　日経印刷株式会社

ISBN978-4-86680-298-5